JN232775

小学校編

学級タイプ別 繰り返し学習のアイデア

漢字・計算・音読練習が10倍楽しくなる授業スキル

河村茂雄・上條晴夫 編集

図書文化

はじめに
なぜ繰り返し学習に授業スキルか

　繰り返し学習は単調で面白みにかける（子どもたちの学習意欲は高まらない）が，基礎学力を定着させるのに必要な学習形態（暗記するための個人的な作業中心学習）である，これが教師の一般的な認識なのではないだろうか。

　したがって，騒がしい学級では子どもたちが集中して取り組まず，時間をかけた割には学習が進まず，成果もいまひとつになってしまう。また，教師の強い指導で引き締めかたさのある学級では，静かに取り組んでいるのだが，子どもたち自身の学習意欲が高まらず，取り組みが形だけになっており，学習の定着も不十分になってしまうのである。

　本書はこのような認識を粉砕し，対人関係の相互作用を活用して，繰り返し学習が単なる個人の暗記作業を脱し，子どもの学習意欲をより喚起して学習の定着を確実なものにできることを提案したいのである。10分の繰り返し学習を一単位の授業の中にうまく構成できれば，授業全体の活気・子どもたちの意欲を維持することもできるからである。さらに，ルール，方法論をある程度パターン化して学習活動を繰り返し体験させることで，対人関係の形成・学級集団作りにも活用できることを，強く提案したいのである。

　そして，繰り返し学習をより有効に活用するための方法論が，授業スキルの適切な活用である。授業スキルとは，学校現場で活用されてきた教育技術を，カウンセリング心理学の視点で，スキルとしてとらえなおしたものである。その活用にも有効なやり方がある。

①授業が展開される環境である学級集団の状態を適切にとらえる。
②学級集団の状態に有効な教師の指導行動，授業展開のあり方を確認する。
③教材とその効果的な展開にマッチした授業スキルを用い，タイミングよく活用する。

　このように教師の指導行動を分析的にとらえることにより，一人の教師の指導行動のいい点，修正すべき点が明確になる。より効果的な授業を展開するためには，何をどのように修正すればよいのかが教師間でも具体的にわかるようになり，相互に検討することにより，教師の指導力の向上に寄与すると思われる。私は①②を中心に研究を進め，多くの知見を紹介してきた。いま，③の知見の積み重ねを目ざしているところである。

　本書は，このような取り組みの中での一つの問題提起である。多くの先生方に手にとっていただき，教育実践のたたき台にしていただければ幸いである。

都留文科大学教授　河村茂雄

本書はここが新しい！

　本書は授業スキルを活用した「繰り返し学習」の授業プラン集である。

　この本が従来の授業づくりの本といちばん違っている点は，授業づくりの前提条件の押さえ方である。従来の授業づくりではまず第一に「教育内容をどう教えるか」という点にその大半の労力を使う。たしかに授業プランなどには「学級（児童）の実態」というようなスペースが確保されてはいるが，あくまでそれは所与の前提という扱いになっている。

　本書の立場はこの「所与としての学級」という考え方をとらない。授業スキルの発想では教育内容に正対するのと同じ重さで学級状態にも正対しようとする。つまり同じ教育内容を教えようとする場合でも，状態のよい学級と状態のあまりよいとはいえない学級では，授業での働きかけをできるだけ変えようとする。図解すると，次のようになる。

●教育内容
　　↑↓
●授業スキル（教材・教授行為）
　　↑↓
●学級状態（学習者）

　こう図解してしまうとごく当然のように見える。しかし，従来の授業づくりの常識では，授業づくりと学級づくりは切れていた。ゆえに「どのクラスでもうまくいく」授業研究が行われていた。たしかに「安定した草原」と呼んでよい学級状態であれば，それも可能だった。しかし，現在の学級状態は「不安定な湿地」であることが多い。足下の学級状態に応じた形の授業づくりを構想することが，これまで以上に必要になってきているといえる。

　繰り返し学習の本である本書にも，随所にこうした発想が見てとれるはずである。

授業成立プロジェクトリーダー　上條晴夫

学級タイプ別 繰り返し学習のアイデア〔小学校編〕

漢字・計算・音読練習が10倍楽しくなる授業スキル

はじめに〜なぜ繰り返し学習に授業スキルか〜　　2
　　　　　〜本書はここが新しい！〜　　3
本書の特徴　　6

第1章　繰り返し学習を成功させる秘訣

1　集団の理解を生かした授業　　8
2　Q-U尺度で学級集団を把握する　　11
3　集団の崩れ方と立て直し方　　14
4　授業スキルとは　　16
5　いま必要な教育技術とは─授業スキルの特長─　　22
6　繰り返し学習で基礎力をつけるコツ　　26
7　教師の熟練性　　30

第2章　かたさのある学級

1　かたさのある学級の授業とは　　34
2　漢字「筆順ばっちりリレー」1〜3年　　37
3　漢字「漢字テストでビンゴ！」4〜6年　　41
4　計算「ハンドブロックですいすい計算」1年　　45
5　計算「2人でイカつり計算」5年　　49
6　音読「音読アンサンブル」1〜3年　　53
7　音読「グループ対抗スラスラ音読」4〜6年　　57

第3章 ゆるみのある学級

1 ゆるみのある学級の授業とは　62
2 漢字「漢字大ずもう大会」1〜3年　65
3 漢字「部首もち熟語ゲーム」4〜6年　69
4 計算「1分間九九チャレンジ」2年　73
5 計算「めざせ！ わり算名人」4年　77
6 音読「音読すらすらマニュアル」1〜3年　81
7 音読「息を合わせてスラスラ音読」4〜6年　85

第4章 荒れ始めの学級

1 荒れ始めの学級の授業とは　90
2 漢字「博士の漢字クイズ」1〜3年　93
3 漢字「画数漢字探しの旅」4〜6年　97
4 計算「計算の花を咲かせよう」2年　101
5 計算「商でビンゴ！」4〜6年　105
6 音読「サイコロでお楽しみ音読」1〜3年　109
7 音読「記録に挑戦！ 早口音読ゲーム」4〜6年　113

第5章 まとまりのある学級

1 まとまりのある学級の授業とは　118
2 漢字「ワンピースで漢字発見！」3年　121
3 漢字「新出漢字で自己紹介作文」4〜6年　125
4 計算「めざせ！ 九九チャンピオン」2年　129
5 計算「問題づくり道場」6年　133
6 音読「すごろく音読」3年　137
7 音読「声をそろえてグループ音読」4〜6年　141

第6章 授業スキル一覧　145

1 構成スキル
2 展開スキル－能動スキル
3 展開スキル－対応スキル

本書の特徴

❶ 学級状態別に最適な授業がわかる

いつでも，どの学級でも，どの子どもにも通用する授業はありません。

本書では，河村茂雄開発Q-Uの結果に基づき，学級状態を4つに分類して下記のマークで示しました。　　　→Q-Uについて，詳しくは11ページに説明があります。

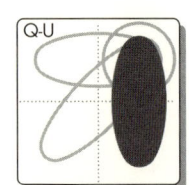

かたさのある学級〈第2章〉

けじめがあり教師の指示をよく聞くが，やや冷たい感じの学級。
「ひたすら黙々ドリル」のなかでやる気を失っている子も。学習の面白さがわかるように，楽しい展開を取り入れることが効果的。

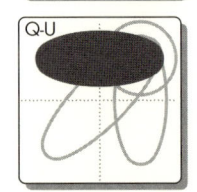

ゆるみのある学級〈第3章〉

子ども同士の交流が活発だが，けじめが足りない学級。
「やるときはやる」と教師がリーダーシップを発揮し，定型の活動をつくっていくルール重視の展開が効果的。

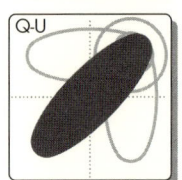

荒れ始めの学級〈第4章〉

教師の指示が通らず，子ども同士の関係もギスギスしだした学級。通常のドリル学習は成立しなくなっているので，特別な対応が必要。

まとまりのある学級〈第5章〉

子ども同士の交流が活発で，けじめもある学級。
最大限に子どもたちの自主性を引き出す展開が効果的。

❷ 繰り返し行うためのアイデアがある

基礎基本の定着には，同じ学習を根気よく繰り返すことが必要です。

本書では，子どもたちがワクワクする授業の「ネタ」を提供することに加え，繰り返しあきずに取り組むための「運用」にも配慮しました。

繰り返し方 ←第2章～第5章で，繰り返し方のポイントを示すマーク

第1章

繰り返し学習を成功させる秘訣

第1節　集団の理解を生かした授業
第2節　Q-U尺度で学級集団を把握する
第3節　集団の崩れ方と立て直し方
第4節　授業スキルとは
第5節　いま必要な教育技術とは—授業スキルの特長—
第6節　繰り返し学習で基礎力をつけるコツ
第7節　教師の熟練性

第1節 集団の理解を生かした授業

✏️ よい授業は，学級集団の状態がカギ

　研究授業公開校を参観して仕入れてきた授業案を，自分のクラスで実施してみたけれども，同じように展開できずにがっかりした，ということはないだろうか。その原因は，研究校の学級集団の状態と，自分の学級の状態が違うからである。

　また，教師用指導書のとおりに授業が展開できず，自分は指導力がないのではと落ち込んで，教え子が相談にくることがある。教師用指導書の授業案は，仲よくまとまりのある学級集団を前提にしているから，自分が担任する学級集団がどういう状態かをしっかり把握して，ふさわしいようにアレンジしなければならないのである。

　このように，どんなにいい授業案でも，学級集団の状態いかんでいい授業になる場合もあるし，逆になる場合もある。授業は，学級集団がどんな状態かに強く影響されるのである。

　2，3年前から，全国の「学力向上フロンティア・プロジェクト」の研究指定を受けた小・中学校15校ほどにかかわらせてもらった。それらの学校の教師たちが実践研究を通して至った。次のような思いに共感したからである。

　「いままでの実践を振り返って，子どもたちの学力が向上したと思えるときは，学級集団が仲よくまとまっていたときであり，そういうときは授業も活発に楽しく展開され，その中で子どもたちは前向きに切磋琢磨して学力も向上していた。したがって，授業も含めた総体，つまり学級経営の充実が最も大事だと考える」。

　我が意を得たり，という感じである。

　○○先生の授業に学ぶ，とよく言われるが，授業案の検討だけではなく，どのような学級集団の状態で，どのような指導行動のもとになされてうまくいったのかに，もっと注目する必要があると思う。

いい授業を展開するためのポイントは，

> 「学級集団の状態×教師の指導行動×授業案・モデル」の組み合わせ

なのである。

自分が担任する学級集団の状態を，まずしっかりおさえることが，よい授業のための第一歩になるといえるだろう。

集団のあり方に一人一人が影響される

授業を展開する学習環境の中心となるのが，学級集団の状態である。

集団とは単なる人々の寄せ集めではない。全体としての集団は，個人のように独特の個性をもち，それがその集団の独特の雰囲気を形成する。例えば，そこにいるだけで楽しく活気が伝わってくるような学級集団もあれば，どこか陰があり冷たい雰囲気の学級集団もある。これは教師の多くが経験していることだろう。

そして，個人一人一人の行動は，集団の影響を受けるのである。人の目を気にし，周りに合わせることが多い現代の子どもたちは，とくにその傾向が強い。だから，学習という活動を個人のものとしてとらえるだけでなく，集団のあり方がその子にどう影響しているかを考えることも大切である。

学級集団はルールとリレーションの組み合わせで見る

学習環境として良好な学級集団には，次の2つの要素が同時に確立している。

> 1つは，学級内のルールである。

対人関係に関するルール，集団活動・生活をする際のルールが全員に理解され，学級内に定着している。ルールが定着していることで，学級内の対人関係のトラブルが減少し，子どもたちは傷つけられないという安心感の中で，友人との交流も促進される。またこのルールは，授業で子どもたちが自主的に活動するうえでも，守るべき最低限の基準となるので，けじめのある活発さが生まれる前提になる。

> もう1つは，リレーションの確立である。

リレーションとは，互いに構えのない，ふれあいのある本音の感情交流がある状態であ

る。学級内の対人関係にリレーションがあることで，子どもたちに仲間意識が生まれ，集団活動(授業，行事，特別活動など)が協力的に，活発になされる。授業でも，子ども相互の学び合いの作用で，一人一人の学習意欲が高まる。

✏ ルールとリレーションの組み合わせで見る4つの学級状態

ルールとリレーションの2つの視点で見ると，次のような学級集団が代表的なタイプとして想定されてくる。ここからは，その学級での授業の様子もうかがえる。

○ルールとリレーションが同時に確立している学級集団の状態

　教師の授業設定のもと，子どもたちは主体的に，友達と親和的にかかわり合いながら，自らの学習に取り組んでいる。

○ルールの確立がやや低い学級集団の状態

　冗談が飛び交い楽しく盛り上がっているが，子どもたちは周りとの私語が多く，子ども自身の学びは深まっていない。

○リレーションの確立がやや低い学級集団の状態

　静かに一斉授業は展開しているが，子どもたちは教師の指導に対してまったくの受け身で，子ども同士のかかわりも少なく，自らの学びが見られない。

○崩壊傾向――ルールの確立とリレーションの確立がともに低い学級集団の状態

　学級の規律が失われ，子ども同士のかかわりが荒れていて，一斉授業の成立がむずかしくなっている。騒々しい中で教師が叱責し，声を張り上げてかろうじて授業の体をなしている。

学級経営とは，40人弱の子どもたちをどのように管理するのかという単なるマネージメントではなくて，学級で行う諸々の教育活動の統合的な運営である。そしてその中心が授業である。

教師は，上記のような学級集団の状態を受けて，指導行動や授業の内容を選定するのである。この組み合わせ次第で，授業をよりよい方向に展開させることもできるし，逆に，授業が成立しない，学級崩壊へと向かうきっかけにもなるのである。

学級経営にあたっては，学級集団の状態を冷静に，ある程度客観的に把握する必要がある。筆者が開発したQ-U尺度を用いると，子どもたち一人一人の適応状態とともに，学級集団の状態が把握できる。

　　　　　　　　　　　　　　　　　　　　　　　　　　　　　　　　［河村茂雄］

第2節
Q-U尺度で学級集団を把握する

✏️ 日常観察に調査法を組み合わせて学級集団の状態を把握する

　筆者が開発したQ-U(『楽しい学校生活を送るためのアンケートQ-U，小・中・高校編』図書文化)は，短時間でできて，信頼性の検証されている調査法である。

　Q-Uでは2つの得点から，子どもの学級生活における満足感をはかり，その組み合わせから結果を4つの群に分類して子ども個々の学級適応状態をとらえるものである。

> ・承認得点……自分の存在や行動が，級友や教師から承認されているか否か。
> ・被侵害得点……不適応感の有無や，いじめ・冷やかしなどを受けているか否か。

　また，学級の子どもたち全員の得点をプロットシートに一覧すると，その分布から学級集団の状態をとらえることができる。

　被侵害得点は，学級内の「ルール」の定着と深くかかわり，承認得点は学級内の「リレーション」の確立と高い相関があるからである。

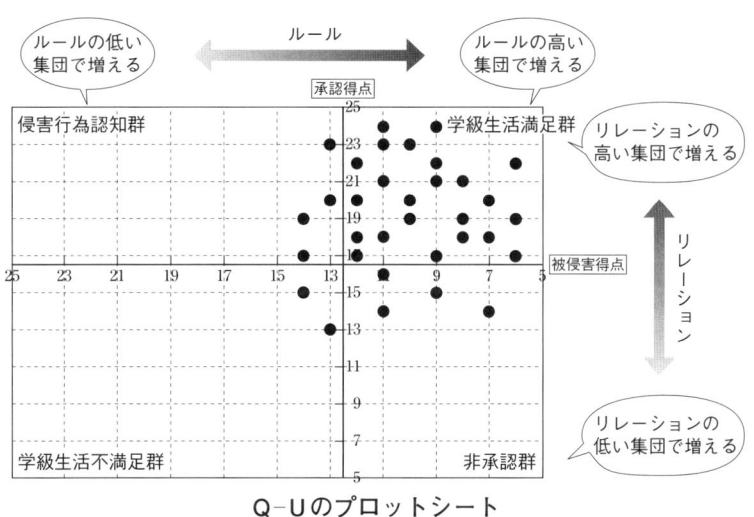

Q-Uのプロットシート

Q-U尺度でチェックする学級集団の状態

全国の3千に及ぶ学級集団をQ-Uを用いて調べたところ，だいたい次のような5種類の分布に集約されることが明らかになった(図1～5)。

ルールとリレーションが同時に確立している状態　まとまりのある学級

学級内にルールが内在化しており，その中で，子どもたち全体の承認得点が高くなっている。主体的に生き生き活動できている状態で，教師がいないときでも，子どもたちだけである程度活動できる。

また，親和的な人間関係があるので，子どもたちのかかわり合い，発言も積極的で，学級全体に活気があり，笑いが多い。

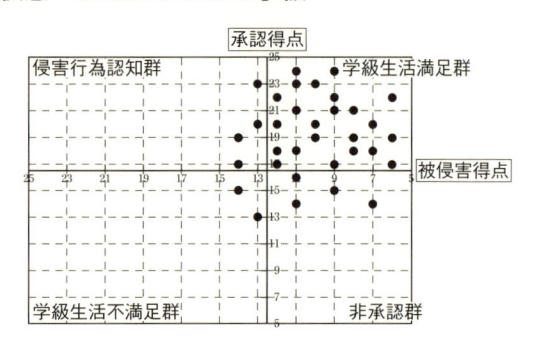

図1　ルールとリレーションの確立した親和的な学級集団

リレーションの確立がやや低い状態　かたさのある学級

ルールは定着しているものの，子どもたちの間で承認得点の差が大きくなっている。

一見静かで落ち着いた学級に見えるが，子どもたちの意欲に大きな差が見られ，人間関係も希薄である。子どもたちは教師の評価を気にする傾向があり，子ども同士の関係にも距離がある。シラッとした活気のない状態で，学級活動も低調気味である。

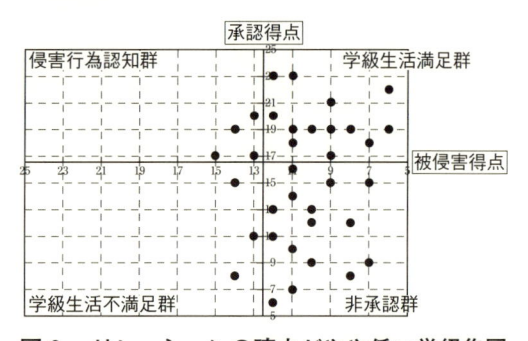

図2　リレーションの確立がやや低い学級集団

ルールの確立がやや低い状態　ゆるみのある学級

学級の子どもたち全体の承認得点は平均以上に高まっているのだが，被侵害得点の差が子どもたちの間で大きくなっており，学級内のルールの定着が低く明確になっていない。

一見，子どもたちが元気で自由にのびのびとしている雰囲気の学級に見えるが，学

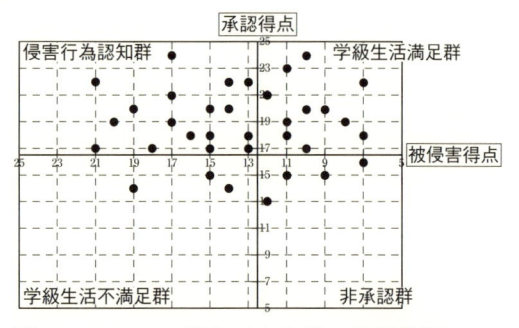

図3　ルールの確立がやや低い学級集団

級内の行動規範が低下しており，授業では私語が見られたり，係活動の遂行などに支障が見られ始めたりして，子どもたちの間で小さなトラブルが頻発している状態である。

特定の声の大きな子どもたちに，学級全体が牛耳られてしまう傾向がある。

ルールとリレーションの確立がともに低い状態　荒れ始めの学級

図2，3の状態のときに具体的な対応がなされないまま経過すると，図4の形態が出現する。それまでの学級のプラス面，すなわち，一見静かで落ち着いた学級（図2），一見元気で子どもたちが自由にのびのびとしている雰囲気の学級（図3）といった側面が徐々に喪失し，そのマイナス面が表れてくる。

図4　ルールとリレーションの確立がともに低い学級集団

このような状態になると，教師のリーダーシップは徐々に効を奏さなくなり，子どもたちの間では，互いに傷つけ合う行動が目立ち始めてくる。

ルールとリレーションが喪失した崩壊状態　崩壊してしまった学級

学級生活不満足群に70％以上の子どもたちがプロットされた状態は，学級がすでに教育的環境になっておらず，授業が成立しないことを示している。さらに，そればかりか，子どもたちは集まることによって，互いに傷つけ合い，学級に所属していることに対しても，肯定的になれないのである。

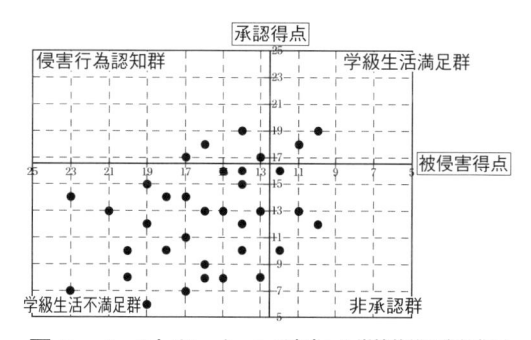

図5　ルールとリレーションが喪失した崩壊状態の学級集団

授業は，私語と逸脱行動が横行し，教師の指示に露骨に反抗する子どもも見られる状態である。子どもたちは不安を軽減するために，小集団を形成して同調的に結束したり，他の子どもを攻撃することで自分を守ろうとしたりしている。　　　［河村茂雄］

第3節 集団の崩れ方と立て直し方

学級集団が崩壊していく代表的なパターン

12ページの図1は，集団として成熟した理想の学級集団である。逆に，図5は集団が退行しきった，まさに学級崩壊の状態である。ただ，学級集団は一気に図5のような状態になるわけではない。集団は，ある程度の規則性をもって，徐々に成熟─退行の線上を動き，徐々に退行していくのである。次に代表的な2つの崩れ方を示す。

崩壊のパターン1

このパターンは，教師主導の管理的な面が強い引き締め型の学級経営を展開し，それに不満がたまった子どもたちが反発して，意識的にルールを破ったり無視したりして，まずルールが崩れ，それとともにリレーションが崩れていく，反抗型の崩壊である。

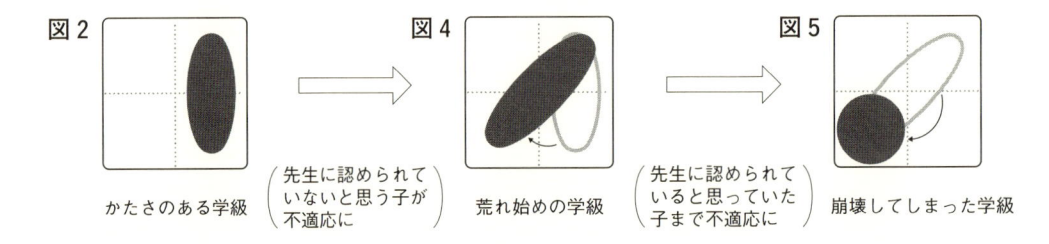

図2 かたさのある学級 → （先生に認められていないと思う子が不適応に）→ 図4 荒れ始めの学級 → （先生に認められていると思っていた子まで不適応に）→ 図5 崩壊してしまった学級

崩壊のパターン2

学級が集団として成立するためのルールの定着がなされない中で，子どもたちのなれ合いが学級全体に波及し，バラバラに拡散していく，集団不成立型の崩壊である。

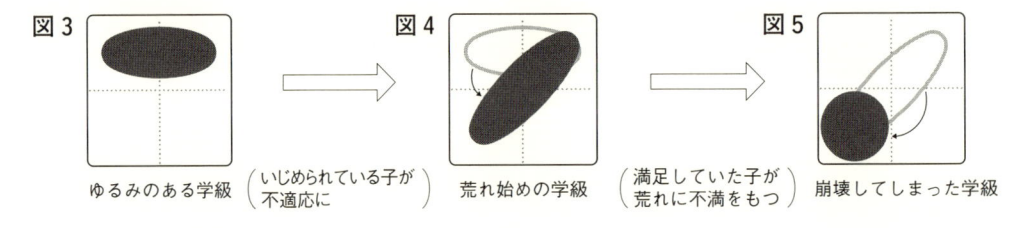

図3 ゆるみのある学級 → （いじめられている子が不適応に）→ 図4 荒れ始めの学級 → （満足していた子が荒れに不満をもつ）→ 図5 崩壊してしまった学級

本ページの図2～図5は，12～13頁の図を模式化したもの。

学級集団の状態に応じた教師の指導行動

　学級集団の状態がいまひとつの場合，教師はそのマイナス面を補う指導行動を意識的に行い，状態の改善を図ることが必要である。
　しかし，それがなかなかむずかしい。理由は2つある。
① 学級集団の状態を適切に把握できない。
② 学級集団の状態に応じた有効な指導行動がわからない。
　私がQ-U尺度を用いて学級経営セミナーを展開したり，本で情報を発信しているのも，この2点を知ることで，教師は学級経営や授業の展開が効果的にできると思うからである。以下に，それぞれの学級状態に応じた指導行動のポイントをまとめる。

学級集団の状態に合った指導行動のポイント

かたさのある学級（図2）	子どもたちの承認感にばらつきがある。この温度差を減らすため，評価の視点を多様化させ，子ども同士がさまざまな視点で認め合えるような場を設定し，人間関係を深める対応が求められる。とくに，承認得点の低い子どもに対して，認める行動・がんばりを促す言葉がけが，まず教師に求められる。 　このタイプの学級集団に対して，ほとんどの教師が叱責・叱咤で行動させようとするが，逆効果である。
ゆるみのある学級（図3）	ルールの確立が低下している。2〜3の最低限のルールを明確に示し，短時間で意識的に活動させ，充実した活動ができたという体験を，繰り返し子どもたちに積ませる。そうすると，学級内にルールが次第と定着してくるのである。 　このタイプの学級集団に対して，ほとんどの教師が，活動する際のルールを事前にしっかり明示していなかったり，ルール違反をした子どもへの対応がなれ合いになっていることが多い。ルール違反は見逃さずにその場ではっきりと指摘し，かつ，ルールに即して活動できた子どもたちを積極的にほめるような意識的な対応が求められる。
荒れ始めの学級（図4）	表面化している子どもたちのフラストレーションに起因する問題行動に対処しつつ，その前の段階の要因，かたさのある学級・ゆるみのある学級への対応を，合わせてやっていくことが求められる。教師の対応としてはかなりむずかしくなっていくので，できればこうなる前の段階で適切な対処を開始することが，切に求められる。 　約10分の繰り返し学習は，ルールや方法をある程度パターン化して繰り返すので，このタイプの学級集団に対する対人関係の形成・学級集団作りにも活用できる。

［河村茂雄］

第4節 授業スキルとは

　授業をするとき，教師は無意識のうちに学級集団の状態に対応した進め方をしている。落ち着かない雰囲気を感じたら，少し引き締めて……，沈滞ムードが多くなってきたら，楽しく盛り上げて……などという具合である。子どもたちが集中して楽しく学べる授業は，実は学級集団の状態に応じた工夫の上に成り立っている。

　授業の上手な先生は，この学級集団の状況に応じた工夫も細やかである。たくさん対応のレパートリーをもっていて，状況にあわせて使い分けている。つまり，学級集団の崩れの兆候に対しても，上手な先生は，その影響が最小限のうちに，きちんと対応している。いっぽう，苦戦する先生はそこに対応できない。確かにそこには授業をつくる技術がある。

　しかし，この技術は，上手な先生には無意識に駆使されており，そうでない先生には意識さえもされず，目に見えた形になっていないことが多い。だからこそ，このような学級集団の変化に対応する授業づくりの技術を，意識化して活用できるようにする必要がある。

　本書でいう「授業スキル」とは，この学級集団の状態に応じた有効な授業づくりの要素をスキルとして取り出して整理し，活用できるように意図したものである。

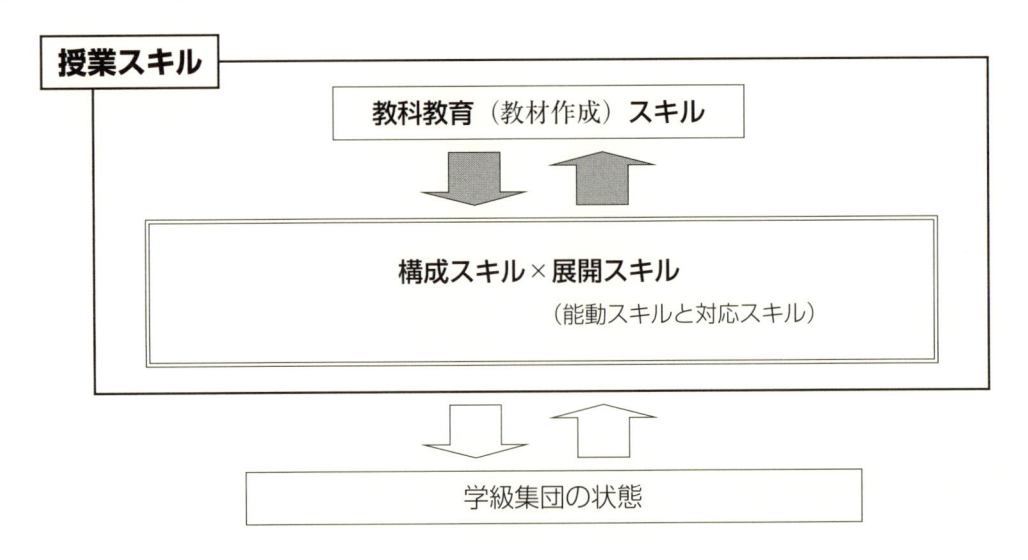

```
┌─ 授業スキル ──────────────────────────┐
│                                              │
│          教科教育（教材作成）スキル           │
│                  ↓ ↑                         │
│          構成スキル × 展開スキル              │
│          （能動スキルと対応スキル）           │
│                                              │
└──────────────────────────────────────┘
                  ↓ ↑
            学級集団の状態
```

授業スキルのフレーム

「授業スキル」のフレームでは、学級集団の状態に応じた有効な対応を、①教科教育（教材作成）スキル、②構成スキル、③展開スキルの３つの要素からとらえる。

この３つの要素が、教師の意図する教科指導と学級集団の状態との間をつなぐ視点となる。つまり、授業のやり方を学級集団の状況にあわせてどのようにアレンジするかを考える基本的な枠組みとなる部分である。

従来、授業づくりの視点は、「教科教育（教材作成）スキル」に大きなウェイトがあった。いかに子どもをひきつけるよい教材を開発するかに、授業の成否がかかっていると考えられていた。しかし、いくらよい教材を用意しても、子どもたちが乗ってこない状況が出てきた。子どもたちが変化して、学級集団の様相が多様になってきたのである。

このようななかで、よい教材づくりに加えて、学級集団の状況に対応する工夫の必要が出てきた。その工夫の部分に当たるのが、「構成スキル」×「展開スキル」である。

繰り返し学習においては、これら３つのスキルは、学級集団の状況に応じて、①限られた時間ではあるが集中した内容のある活動を成立させる、②ふれあいのある集中した活動を経験させることで学級集団のルールとリレーションを育てる、という２つの目的を保障するために用いられる。以下に、それぞれのスキルの概要と要素について説明する。

教科教育スキル

教科教育（教材作成）スキルとは、学級集団の状態に応じて、授業に投げ込む教材自体（ネタ）をアレンジする部分であり、「学ぶ内容が知的で面白い」につながるものである。

教科教育スキル❶　教科の特性をおさえた教材作成のスキル

教科の特性を生かした工夫をするスキルである。例えば、繰り返し学習においては、いろいろな漢字に共通した「へん」や「つくり」に注目して漢字あつめをする教材づくりをすることや、文章のリズムや言葉の楽しさに注目して、音読や群読などの展開を工夫することである。つまり、学ぶ内容の知的面白さに子どもを引き込むことのうち、「理解を深める」「知識の定着や拡大を促す」の要素にウェイトをおいた教材づくりのスキルである。

教科教育スキル❷　教科の特性を生かして子どもたちの学びを深化させるスキル

教科や教材の特性を生かして、子どもたちを学びに引き込む教材作成のスキルである。繰り返し学習では、例えば、かけ算九九や英単語の学習でフラッシュカードを用いたり、

ビンゴを用いたりして，教材の特性に合わせて，面白さを引き出すことや教材にゲーム性を取り入れることなどで，子どもたちを集中した繰り返し学習に導く。つまり，学ぶ内容の知的面白さに子どもを引き込むことのうち，「興味や関心を引きつける」「学習意欲を高める」の要素にウェイトをおいた教材作成のスキルである。

授業の「構成スキル」×「展開スキル」

「構成スキル」と「展開スキル」とは，学級集団の状態に対応した授業の流れ（コツ）を工夫する部分で，「学ぶ活動自体が面白い」「学ぶ活動から得られるものがうれしい」につながるものである。これらのスキルが，教科教育（教材作成）スキルの「学ぶ内容が知的で面白い」を支えている。

「構成スキル」

「構成スキル」とは，以下の5つの項目からなる，授業の枠組みを設定するスキルである。つまり，学級集団の状況にあわせて，事前に授業の設計を工夫するためのスキルである。

構成スキル❶　教師のリーダーシップの発揮レベル

　　教示的 ↔ 説得的 ↔ 参加的 ↔ 委任的

リレーションがある程度確立されている学級集団の場合は，教師も参加しながら一緒に盛り上げる「参加的」〜「委任的」リーダーシップが効果的である。しかし，そうでない学級集団の状況では，提示の段階から一つひとつ指示をして教えながら活動に落とし込んでいく「教示的」〜「説得的」リーダーシップをとる必要がある。

構成スキル❷　学習評価の目安

　　（学習活動）　学習に取り組める ↔ 学習の広がり，深化，定着

　　（ルール・リレーション）　かかわるきっかけ，最低限のルール ↔ 認め合い，相互支援

授業で，何を，どの程度まで，どのように，できればよしとするかということである。学習の成果という視点だけでなく，ルール・リレーションを形成する視点からも，学級集団の状況に合った目安を設定する。

構成スキル❸　授業場面のデザイン

　　（人数）　個別 ↔ 2人組 ↔ グループ ↔ 全体

活動させるグループの人数や，メンバーの組み合わせ方をどうするか，あるいは授業中の個別活動・2人組・グループ活動の比重をどの程度にするかなど，授業中に子どもが活

動する際の場面を設定することである。

構成スキル❹　授業進行のデザイン

　　　（進行）　教師主導　↔　子ども主導

　授業の中で，何をどこまで教師が主導し，どこまで子どもたちに自由に活動させるかということである。教師主導で一斉に活動させるか，子ども主導で個別やグループの進度に合わせて活動させるかなど，どの場面でそれらをどの程度の比重で設定するかを選択する。

構成スキル❺　時間・インターバルの設定

　　　（時間）　テンポよく短く　↔　じっくり長く

　　　（インターバル）　導入，提示──展開，活動──まとめ，評価の設定，配分

　1時間の授業の流れの中で，興味・意欲の喚起に必要な時間，集中が維持できる時間，気分をほぐす時間などをどう入れるか，設定することである。

展開スキル（能動スキルと対応スキル）

　「展開スキル」とは，授業中の教師と子どものやりとり，子ども同士のやりとりを通して，具体的に授業を展開させるためのスキルである。つまり，学級集団の状態に対応して，授業をどう進めていくかの部分に当たる。

　この「展開スキル」には，「能動的スキル」と「対応スキル」の2つの柱がある。

「能動スキル」とは

　①発問，②指示，③説明，④提示，⑤活動の促進の5つが代表的なものであり，授業の中での子どもへのかかわりの中で，教師側から能動的にはたらきかけるスキルである。

展開スキル─能動❶　発問

　　　（レベル）　きっかけをつくる，方向づける，理解を確認する　↔　より深い思考に導く

　子どもたちが学習に向き合うきっかけとなる教師からの問いかけや，理解や知識を問うもの，子どもたちを思考に導くものである。

展開スキル─能動❷　指示

　　　（具体性）　内容をかみ砕いて，モデルを示して　↔　簡潔に，意義を加えて

　　　（長さ）　簡潔に，一つずつ　↔　要点のまとまりを一度に

　　　（方法）　方向づけを強く　↔　やる気を支える，示唆的に

　活動する内容や手順を示し，具体的な行動を促すはたらきかけである。意欲や取り組みにバラつきがあるときには，簡潔にかみ砕いてはっきりと指示することが必要になる。モ

デルを具体的に示したり，指示を紙板書や板書で提示したりすることも工夫する。

展開スキル-能動❸ 説明

　　（内容）　最小限に精選して，短く分けて　↔　発展的な内容も含め，意味のまとまりで
　　（具体性）　具体的，既習事項や身近な経験と結びつけて　↔　抽象的，概念的なことも含めて

　学習する内容，意義，方法を子どもたちが理解し，興味・関心をもてるようにするはたらきかけである。学級集団の状況によっては，一気に説明してしまおうとせず，段階ごとに区切りながら説明することも必要である。

展開スキル-能動❹ 提示

　　（方法）　インパクトのある，一目でわかる，短時間　↔　流れの中で引き込む，じっくり
　　（媒体）　一斉に注目できる模造紙，プロジェクター　↔　プリント，言葉による

　子どもの思考を整理する，興味・関心や意欲を喚起する，活動の見通しがもてるように資料や教材を提示する。学級集団の状況によっては，ながめると一目でわかるような図や絵で表されたものを使って，短時間で全員が集中できるような方法を選択することもある。

展開スキル-能動❺ 活動の促進

　　（動機づけ）　賞賛や報酬を使って　↔　取り組む意味や価値を支えに
　　（援助）　教師からの個別の援助　↔　子どもたちの相互作用を生かした援助
　　（活動の定型化）　短い定型活動の繰り返しの利用　↔　課題の追求など学習過程の定着

　活動の促進は，賞賛することや励ますことだけでなく，うまく進まない子どもやグループに援助することも含める。また，ルーティン化された行動（できたグループは，全員で声をそろえて，「できましたぁ！」と言う活動や，「いいですか」と問い，一斉に「いいです！」と言わせるなど）を活用しながら，活動に巻き込んでいく工夫も含む。

「対応スキル」とは

　①発言の取り上げ，②賞賛，③注意，④集団の雰囲気づくり，⑤自己開示の５つが代表的なものであり，子どもの活動に対応する教師の反応のスキルである。

展開スキル-対応❶ 発言の取り上げ

　　（考えや意見の交流）　教師が取り上げて紹介，明確化　↔　子ども自身の発言を促す
　　（フィードバック）　教師からのフィードバック　↔　まわりの子どもたちからのフィードバック

　一人の意見や考えを，全員の学習意欲の喚起や深まりにつなげるとともに，発言した子どもに，教師や学級の仲間から認められていることを感じさせる。学級集団の状況に応じ

て，教師が意図的に取り上げて明確化しながら紹介していく工夫も必要である。

展開スキル―対応❷　賞賛

　　（場面）　個別に賞賛 ↔ 全体の前で賞賛
　　（視点）　多様な視点から，賞賛の機会を多く ↔ 活動の質・価値に注目

　子どものよさを認め承認感を高める側面と，望ましい行動や態度を持続・促進させる側面をもつ。学級集団の状況によっては，全体の前で個人を賞賛することが逆効果になる場合もありうるため，個別にそっと賞賛を伝えるなどの工夫が必要となることもある。

展開スキル―対応❸　注意

　　（場面）　できるだけ個別に注意 ↔ 全体に注意を促すように
　　（伝え方）教師の願いを伝えながら，毅然と，援助的に ↔ 子ども自身に気づかせる
　　　　　　ように

　してはいけないことをやめさせること，持続させたくない望ましくない行動を抑止することである。予想される行動に対して，事前に注意を促しておくことも含む。学級集団のルールとリレーションのレベルを考慮し，抵抗や反発を最小限にして，行動を抑制する工夫をする。毅然と注意するが，頭ごなしに注意するだけでなく，その背景にある願いや思いを伝えたり，「だいじょうぶ？」などと援助的に注意したりすることも必要である。

展開スキル―対応❹　集団の雰囲気づくり

　　（主体）　教師主導で雰囲気づくり ↔ 生徒の相互作用を生かして

　子どもたちの緊張を緩和したり，意欲を喚起したり，維持したりする言葉がけをすることである。教師が率先して明るく楽しく雰囲気を盛り上げたり，興味・関心をもっている姿勢を示したりして，雰囲気をつくっていくことも必要である。

展開スキル―対応❺　自己開示

　　（内容）　子どもとの関係づくり，ルール・リレーションの形成 ↔ 教師の人間性にふ
　　　　　　れる

　授業でも，子どもたちと教師との良好な人間関係が大きな影響をもつ。自己開示は，教師が一人の人間としての思いや考え，経験などを語ることである。子どもとの人間関係を深めるきっかけや，子どもの行動や考え方のモデルになる。

　　　　　　　　　　　　　　　　　　　　　　　　　　　　　　　　　　［粕谷貴志］

第5節 いま必要な教育技術とは ─授業スキルの特長─

授業スキルをとらえる枠組み

　現場ベースの授業づくりの研究が盛んに行われたのは1980年代だった。

　この時期，教師が自覚的に区別すべき，レベルの異なる下記の4つの問題領域について，論議がなされた。（藤岡信勝著『授業づくりの発想』日本書籍）

> （a）　教育内容（何を教えるか）
> （b）　教　　材（どういう素材を使うか）
> （c）　教授行為（子どもにどのように働きかけるか）
> （d）　学 習 者（それによって子どもの状態はどうなるか）

　この中で「教育技術」と呼ばれるのは，（b）教材と（c）教授行為の2つだろう。ごく粗くいって，教材とは授業に臨む際の授業デザインであり，教授行為とは実際の授業に臨んで展開されるきわめて多様なパフォーマンスのことである。この枠組みのうえで本書提案の「授業スキル」の特長を考えると，およそ次の3点である。

① 「学級集団の状態」を意識している

　従来の教育技術が「教育内容（何を教えるか）」を強く意識していたのに対し，本書で提案されている授業スキルは「学習者（それによって子どもの状態はどうなるか）」を強く意識する。従来も学習者を意識した教育技術はあったが，それをより鮮明に打ち出している。その背景には「学級満足度調査（Q-U）」による学級タイプの理論がある。

　学級状態を「ルール（規律）」と「リレーション（人間関係）」の二軸からマップ化し，現在自分の目の前にある学級がどのポジションに位置するかを確定することで，その学級状態に対応したスキルを駆使しようとする。従来の教育技術が教育内容を強く意識した「上

からの技術」であったのに対して，授業スキルは学習者（たち）をより強く意識した「下からのスキル」になる。例えば，従来の机間指導が，学習内容を効率的に伝えるための補助的な技術の一つだったのに対して，授業スキルとしての机間指導は，学習者とのリレーション（見守る・言葉かけ）のための重要な技術の一つとなる。

② 「活動中心の授業」を意識している

　従来の教育技術の多くは「説明中心・発問中心」の授業を前提としていた。これに対して授業スキルは，そうした授業を含みつつも「活動中心」の授業をメインとした授業のスキルを考える（参照：拙編著『ワークショップ型授業で国語が変わる』図書文化社）。

　例えば，本書で「集団の雰囲気づくり」というスキルが提案されている。「子どもたちが他の子どもの様子を意識して，気持ちが学習に向かわないという状況に対して，子どもたちの緊張を緩和したり，意欲を喚起したり，維持したりする言葉かけをする」。こうした技術は，「説明中心」や「発問中心」の授業ではあまり意識されなかった。これらの授業では，学習者は「黙って椅子に座っていることがよい」と考えられていたからである。

　活動中心の授業では，こうした点の配慮なしには授業がうまく進まない。いわゆる「参加・体験のある授業」の留意点がスキル化されている。

③ 「心理学的な技法」を意識している

　従来の教育技術では教育内容を学習者に段取りよく教えることが意識された。そのため学習者の心理状態への目配りなどは弱く，子どもたちのノリ（集中度），飽きの度合い，緊張感などは見過ごされることが多かった。これらの要件は集団心理学においてはごく普通に議論されるが，従来の教育技術では，あまり明確には意識されなかった。

　授業スキルの一つに「時間・インターバルの設定」という項目がある。「興味の喚起に必要な時間，練習問題に取り組ませる時間，気分をほぐす時間，などの設定をどうするか。導入・展開・まとめにこれらをどう設定・配分するか」。こうした「時間・インターバルの設定」は，これまでの授業者たちは意識することが少なかった。学習者の「集中・飽き・緊張」などは，学習者が学習者の責任において努力すべきものではあっても配慮すべき問題ではなかった。それに比べて授業スキルでは学習者（たち）が強く意識されている。

いまの子どもたちに必要なこと──子どもが満足する授業──

子どもたちの授業に対する満足度は何によって保障されているのだろうか。

体育教育の大先達である高田典衛氏は，「授業感想」の膨大な集積の中から以下の「よい授業の4条件」を導き出している。（高田典衛著『体育授業の方法』杏林書院）

> （a）　快適な活動量がある　　（活動量）
> （b）　技術伸長が認知できる（上達感）
> （c）　友だちと仲良く学べる（楽しさ）
> （d）　知的な気づきがある　　（気づき）

以上の研究は1960〜70年代の研究ではあるが，「活動中心の授業」が増えてきた現在ではすべての授業の指標となる。

本書のテーマである「繰り返し学習」に限定して「子どもの満足度」の観点から授業づくりを考えてみると，「活動量」「楽しさ」「上達感」の3つが問題となる。

①　快適な活動を保障する──3分間の雑談タイム──

中学校の国語の先生から，子どもたちが授業中にざわつき始めたら「雑談タイム3分」を宣言しているという話を聞いた。授業中のざわつきは，ドリルをしたり，ビデオを見せたり，アンケートをしたりした直後などの，ツメ作業をしたあとに起こることが多い。

先生は，最初，その教室のざわつきを制止していた。しかし，そのうちに，それが子どもたちのコミュニケーション（おしゃべり）欲求だと気がついた。子どもたちが授業の中で快適な活動（発話）を確保できないために，私語という形でそれを吐き出しているのだと解釈した。雑談タイムは，つまり「（快適な活動を保障する）ガス抜き」である。

これとよく似た試みを大学の授業で発見した。山形大学の授業改善ハンドブック委員会編「あっとおどろく授業改善──山形大学実践編──」である。「90分間の授業時間中に必ず5分程度の休憩時間を1回設けています。休憩導入以前と比較すると，受講生の集中力が高まり，私語が減少しました。多人数授業では私語が最大の敵です。何年も悩まされ続けた私語に多少なりとも改善の兆しが見られるようになったのは休憩導入後です」。

授業の中の「適切なインターバル」は繰り返し学習にも効果がある。

②　楽しさを積み上げる──5人1組は大変──

　大学の講義を始めたころ，学生たちに「作業をします。5人1組を作ってください」と指示をしたら，5人1組を作るだけに10分近くかかってビックリした。最近の学生たちはこうしたちょっとしたグループ作りなどにも，ひどく神経を使うようである。

　中学校・高等学校などでも，席替え作業をするのに，一単位時間びっしりかかるという話を聞いた。だれと隣り合って座るのか，どういうグループを形成するか，以前の児童・生徒・学生と比べて，とても神経を使う。現在の児童・生徒・学生たちはグループや集団の状況が学習の「楽しさ」に大きく影響することを経験的に知っている。

　これまでの教育技術は「集団状況」「グループ作り」をあまり意識してこなかった。学校の外での子どもたちのやりとりが密だったので，授業の中で敢えてその部分を取り出してコントロールしなくてもよかったからである。しかし，いまの子どもたちの様子を詳しく調べてみると，「ちょっとしたことで泣く」「ちょっとしたことでけんかになる」ということが増えているようである。それまでの学校内外での「じゃれ合う関係」が，1980年半ばころからの個人主義・自由主義の流れの中で薄れてしまったからである。

　これからは学級状態も意識した授業づくりをしなくてはならない。しかしこれまでの教育技術には，こうした学級状態（とくによくない状態）に応じた技術は必ずしも多くなかった。本書「授業スキル」の発想法はまさにその部分に対応しようとしている。

③　上達感を与える──「2年生えらい！」──

　小学校の現場教師だったころ，とても元気のよい2年生を担任したことがある。この子たちは入学式の校長式辞のとき会場最前列で大げんかを始めた子どもたちだった。

　1年たっても全校集会でうまく整列できないこの子たちのクラスを担任した。相変わらずおしゃべりが多かったが，集会の終わるたびに「今日は前回と比べて3名黙って聞けていました。すごいです」という評価を繰り返した。マイナス面には目もくれず「2年生，えらい！」とほめまくったところ，1ヶ月でおしゃべりはなくなった。

　子どもたちを気持ちよく学ばせるには，わかりやすくほめることが大事だろう。前出のほめ言葉であれば「3名黙って」のところである。こうしたほめ言葉が子どもたちの認知欲求を満足させる。この部分を満足させられれば，子どもたちは，その先の，より高い学習へ向けての努力を始める。授業スキルの中では「賞賛」として取り上げられているスキルポイントである。「繰り返し学習」でも大事なポイントになってくる。　　　　　　［上條晴夫］

第6節 繰り返し学習で基礎力をつけるコツ

繰り返し学習をサイクル化する工夫

　繰り返し学習は学校の中だけでやるよりも，家庭学習とつなげたほうが効果がある。

　学校でやる繰り返し学習を家庭学習につなげるには，「まず学校で繰り返し学習の型を正確に身につけさせ，次に家庭でそれをやらせ，学校でチェックする」ようにする。

　『指導と評価』誌（2005年5月号）に，私は次のように書いた。

> 　漢字学習は，4月当初は，授業中，教師の見ている前でさせる。ノートの開き方，番号のふり方，視写学習のやり方，テスト方式による学習の仕方などを，手取り足取り教えていく。それがほぼ完了した段階で，その漢字学習を家庭学習に移していくのである。

　繰り返し学習では，小さな学習のコツの積み重ねが，その後の学習を左右する。

　例えば，「ノートに線を引く方法」である。大学ノートであれば，ノートの上下に1センチ間隔ぐらいの目盛りがあるので，それを利用して，ノートにまっすぐな線を引く。

　たったこれだけのことであるから，だれでもできそうだが，できない子どももいる。初めからうまく線を引く子もいるが，苦手な子に対しては手取り足取りの指導をする。

　授業の中で繰り返し学習をするときは，すでに罫線の引いてあるワークシートを使うことが多いが，家庭で1人で学習をする場合には，まず線を引くというあたりから学習がスタートすることがあるからである。

　1本のまっすぐな線が引けるようになると，その線をノートのステージング（区分け）のための手法として，さまざまな繰り返し学習が可能になる。漢字もそう，計算もそう，英単語などの学習においても，ノートに線が引けるとさまざまな繰り返し学習が可能になる。

漢字練習のコツ

漢字の繰り返し学習としては、「漢字マッキーノ」が非常に評判がよいようである。

【定義】
　漢字ビンゴである。創作者の牧野英一氏の名前にちなんで「マッキーノ」と呼ばれている。

【やり方】
①子どもは22個の問題の中から好きな漢字を選んで16のビンゴのマスを埋める。（重複不可）
②教師は22枚の漢字カードをよく切って1枚ずつ読み上げる。
③子どもは、自分のビンゴの中に教師の読み上げた問題があればマスにチェックをしていく。
④子どもはタテ・ヨコ・ナナメのどれでもいいから一列つながったら「ビンゴ！」と手をあげる。
⑤教師が16枚のカードを読み上げたところで終了。ビンゴの数を子どもに発表してもらう。

【留意点】
　早上がり賞、最多列賞、0列賞などの賞を認定する。

↓22枚の漢字カード

志	夢	評	罪	支
増	招	雑	潔	素
条	居	弁	俵	豊
永	綿	損	準	確
恩	導			

ビンゴカード（4×4マス）

タテ，ヨコ，ナナメのどれかがそろったらビンゴ！

　マッキーノ以外では「漢字小テスト」が一般的である。「ゆび書き」「なぞり書き」「写し書き」「空書き」などのステップ指導が有効だとされている。指導の合間には「漢字しりとり」「同音異義語探し」「漢字パズル」などの各種の漢字ゲームをするとよい。

第6節　繰り返し学習で基礎力をつけるコツ

計算練習のコツ

計算の繰り返し学習としては「100マス計算」の方法が最も一般的である。

【定義】

　縦横それぞれ11個ずつのます目を作り，上の欄と左の欄に0から9までの数を任意に記入する。

　答えを出すところが，ちょうど100ある。1題1点なので採点もしやすい。（右図参照）

【留意点】

　使い方に工夫がいる。

　当然のことであるが，なんとなくやり始めると失敗することもあるので，『100マス計算ＡＢＣ』（学力の基礎をきたえどの子も伸ばす研究会編，清風堂書店）などを参照するとよい。

　例えば，「なぜ100マス計算をするか，どう役立つかを説明する」「速くできた子への配慮！」など。

100マス計算

+	6	3	9	2	4	7	5	0	8	1
5	11	8	14	7	9	12	10	5	13	6
8	14	11	17	10	12	15	13	8	16	9
3	9	6	12	5	7	10	8	3	11	4
6	12	9	15	8	10	13	11	6	14	7
1	7	4	10	3	5	8	6	1	9	2
2	8	5								
7										
9										
4										
0										

同じ列の1番上の数と
同じ行の1番左の数を足して
答えを書く
このマスは　3＋2＝5　となる。

【ステップ】

　いきなり100マスに抵抗のある場合は10マス，25マスなどから始める。64マスなどもある。

　この100マス計算の合間に，「10づくり計算神経衰弱」「計算ババ抜き（答えが7になる足し算）」「計算拍手」「計算ビンゴ」「筆算チョークリレー（「立てる・かける・引く・おろす」の4拍子を定着させる）」などの学習ゲームをとり入れるとよい。

音読練習のコツ

音読の繰り返し学習としては「移動読み」が最も融通性のある，楽しい方法である。

【定義】
　移動読みとは，短いテキストを読むときに，場所や読む姿勢を変えながら何度も読む読み方である。

【やり方】
①読む範囲を短く指定する。
②読むときの場所や姿勢を教師が指示する。例えば，「立って1回，黒板の前に出てきて1回，床に座って1回読みます」。
③指示に従って読む場所や姿勢を変えながら音読を繰り返す。
④終わったら黙読している。

【工夫点】
　子どもたちに「どういう場所や姿勢(動作)でやってみたいですか？」と聞いてやると，面白いアイデアが飛び出してくる。例えば，「ジャンプしながら読む」「大蛇になってニョロニョロしながら読む」など。(参考：上條晴夫著『授業でつかえる文学あそびベスト50』民衆社)

立って

黒板の前に出て

床に座って

　これ以外にも，教科書1ページぐらいの分量を，間違えずに読み通すことに挑戦する「マラソン読み」，ある一定の長さを4人が声をそろえて読み続ける「共同読み」，とにかく速く読む「早口読み」など，さまざまな方法を試してみるとよい。　　　　　　［上條晴夫］

第7節 教師の熟練性

授業改善に役立つスキル以外の要素について

　授業を改善するには,「授業スキル」以外にもさまざまな要素がある。スキルは,技術化が行われていれば,それを正しく繰り返すことで身につけることができる。しかし教師の経験に基づく指導のうまさ(＝熟練性)というものも,たしかにある。

　本稿では佐藤綾子著『教師のパフォーマンス学入門』(金子書房) などのノンバーバルコミュニケーション系の著作を参照しながら,若い教師が熟練性を考える際のヒントをチェックリストふうに示す。

　本書は「繰り返し学習」の本であるが,スキルと熟練性の両方の要素に着目することによって,少しずつ着実に,教師としての力を向上させることができると考える。

言葉にならないサインを読む

☐	①子どもの笑顔を読む	ベテラン教師は子どもの表情の明るさ,暗さをごく自然に読む。一番のシグナルは笑顔の頻度だろう。「最近,笑顔が少ないよね」などと言う。
☐	②子どもの目線を読む	気をつけなければならないのは,「伏し目」など,教師と目線が合うのを避ける動きである。とくに目線が斜めにそれた場合は気をつける必要がある。
☐	③子どもの距離を読む	教卓をはさんで教師との距離がどのくらいかによって,子どもの心の動きをある程度読むことができる。心の距離が読めると指導のキッカケがつかめる。
☐	④子どもの姿勢を読む	例えば子どもの「椅子に座る」姿勢である。背もたれと背中のくっつき具合はどうか,背筋が極端に曲がっていないかなどのポイントを読む。
☐	⑤子どものしぐさを読む	子どもたちのしぐさ・動作などにその子の気持ちが出るときがある。例えば指名されたときの立ち方,教科書の持ち方,髪型にも現れることがある。

子どもと親しくなる

☐	①子どもを見守っているか	子どもと親しくなるには，子どもに興味・関心をもって見守ることが大事である。教科書やノート，黒板にばかり目がいっていないか。
☐	②明るく振る舞えているか	体調がよくないときや気分がすぐれないとき，暗くなりがちである。無理する必要はないが，子どもといるとき明るく振る舞えているか。
☐	③子どもと過ごしているか	あまり忙しいので授業が終わったらすぐ職員室にこもって仕事がしたくなる。子どもたちと一緒に過ごす時間がつくれているだろうか。
☐	④聞き上手になっているか	親しくなるには話し上手より聞き上手である。子どもたちの話にうまく相づちをうちながら，あれこれの話を楽しく聞けているだろうか。
☐	⑤自分情報を出しているか	ある種の自己開示が必要である。子どもたちを前に自分の好きなもの・ことを語れているか。それは子どもの興味・関心と重なっているか。

教師としての自分を表現する

☐	①わかりやすく話す	教師としての自分を表現するいちばんよい方法は，わかりやすい話をすることだろう。言いたいことを理屈でなく場面・エピソードで話すと伝わる。
☐	②心をこめてほめる	子どもの長所はどしどしほめる。教師の自分がそのことに心を動かされているということが明確に伝わるように，しぐさを交えてほめる。
☐	③あっさり注意する	「なんでやねん！」というツッコミがちょうどよい。教師としての自分が気にしている部分については，ピンポイントで言って子どもに伝える。
☐	④一対一で話をする	全体に話をすべきことは全体に話をし，一対一で話すべきことは全体で話さない。この使い分けが自然にできるようになると教師らしくなる。
☐	⑤りりしい姿を示す	教師の学び続ける姿を示すことである。学んでいない教師がいくら子どもたちに「学べ」と声を上げても，ちっともりりしくない。かっこうよくない。

熟練性の自覚的な訓練の仕方

　スキルは文字化しやすい。しかし，実践知は文字化しにくい。スキルを裏打ちしている，教師としての経験に基づく指導のうまさを学ぶには，自分のあこがれの教師に近づいてみること，つまり親しく話をしてもらったり，お手伝いをさせてもらったり，同じ空気を吸うことが大事である。いわば徒弟制のような学び方も必要になってくる。　　　　［上條晴夫］

学級を知り、育てるためのアセスメントツール

hyper-QUならQ-Uの診断結果に加え、対人関係力も診断できます

よりよい学校生活と友達づくりのためのアンケート
hyper-QU
育てるカウンセリングツールシリーズ

著者　河村茂雄
定価　**420円**（コンピュータ診断料込）
　　　500円（高校用：コンピュータ診断料込）
対象　小学校1〜3年／小学校4〜6年
　　　中学校／高校
※hyper-QUはコンピュータ診断専用版です

hyper-QUは、Q-Uの2つの尺度（学級満足度尺度・学校生活意欲尺度）に、ソーシャルスキル尺度を加えた3つの尺度で診断します。

※高校用では、参考資料として悩みに関する質問項目が取り入れられています。

ソーシャルスキル尺度
対人関係（ひとづきあい）を円滑にするための技術（コツ）を測るものです。

ソーシャルスキル尺度を用いて、対人関係力を測ることにより、児童生徒および学級集団の状態を多面的にとらえることができます。
また、**個人票**（教師用／児童生徒用）も打ち出されるので、児童生徒一人ひとりに適切な対応を図ることができます。

Q-Uは不登校やいじめの防止、あたたかな人間関係づくりに役立ちます

楽しい学校生活を送るためのアンケート
Q-U
育てるカウンセリングツールシリーズ

監修　田上不二夫
著者　河村茂雄
定価　**300円**（用紙100円　コンピュータ診断料200円）
対象　小学校1〜3年・4〜6年／中学校／高　校

学級全体と児童徒個々の状況を的確に把握する2つの診断尺度
「学級満足度尺度」、「学校生活意欲尺度」の2つの診断尺度で構成されています。

● **学級満足度尺度：いごこちのよいクラスにするためのアンケート**
クラスに居場所があるか（承認得点）、いじめなどの侵害行為を受けていないか（被侵害得点）を知ることができます。

● **学校生活意欲尺度：やる気のあるクラスをつくるためのアンケート**
児童生徒の学校生活における各分野での意欲を把握することにより、子どもたちのニーズにあった対応を考える資料となります。学級、学年、全国の平均得点も打ち出されますので、今後の学級経営に役立ちます。

この商品のお求めは **図書文化社 営業部** へ　　TEL.03-3943-2511　FAX.03-3943-2519

第2章

かたさのある学級

第1節　かたさのある学級の授業とは

第2節　漢字「筆順ばっちりリレー」1〜3年

第3節　漢字「漢字テストでビンゴ！」4〜6年

第4節　計算「ハンドブロックですいすい計算」1年

第5節　計算「2人でイカつり計算」5年

第6節　音読「音読アンサンブル」1〜3年

第7節　音読「グループ対抗スラスラ音読」4〜6年

第1節
かたさのある学級の授業とは

授業における「かたさのある学級」の特性

学級集団のおもな特性は，次の3点である。

①認められている子どもと認められていない子どもが明確になっている 　学習意欲・活動量に子ども同士の間で温度差がある
②子ども同士の間で互いのよさを広く認め合う雰囲気ができていない 　人の目を気にして発言や発表が少ない，特定の子どもだけが発言している
③学習活動が受け身になっている 　教師評価を気にし，言われたことしかやらない

教師はこのマイナス面を補うために，次のような対策を立て，状態の改善を図ることが求められる。

▼

●すべての子どもが認められる場面を設定する
・小グループで活動した内容をチェックし合わせるなど，かかわるきっかけづくりをする
・活動した結果だけではなく，発想の面白さ，地道な努力など，多様な視点でのチェック項目を選定して，友人を多様な視点で評価できるようにする
・活動したプロセスに注目させ，互いに評価できるようにする

●参加型，活動型の授業展開を意識的に導入する
・ゲーム的要素を取り入れるなど，活動する楽しさ，友達とかかわる楽しさを体験させる

●チャレンジする意義を場面をとらえて説明する
・教師が自分の失敗談などを積極的に自己開示し，失敗しても最悪ではない，やらないで悔やむことが最も寂しいことを理解させる

かたさのある学級で，意識的に活用したい授業スキル

❶ 構成スキル
学級集団の状態を受けて授業を展開する場を適切に構成する，授業場面の大枠を設定する

●授業場面のデザイン	抵抗の少ないかかわり合い活動を，こまめに設定する
●学習評価の目安	学習量・結果だけではなく，一人一人の取り組んだプロセスを多様な視点で評価できる方法を設定する
●リーダーシップの発揮レベル	教師が常に評価者の立場にいるのではなく，子どもたちと一緒に学習活動に参加して，個別に子どもとかかわりながら一つ一つの行動を認めていくようにする

❷ 展開スキル－能動
教師の側からなされる授業を展開させるリーダーシップの発揮的な対応

●発問	わかるかどうか，できるかどうかの結果を問うものだけではなく，多様な発想がでてくる発問の仕方を工夫する
●活動の促進	同じ問題に悩む子ども同士などでグループを形成し，丸つけなどを一緒にし，かかわり合うことで学習意欲を喚起・維持する

❸ 展開スキル－対応
子どもたちの行動や態度に対するカウンセリングの知見と技術が活きる対応

●発言の取り上げ	子どもの小さなつぶやきでも，全員の学習意欲の喚起や深まりにつながるように取り上げる
●賞賛	結果だけではなく，子どもの主体的な取り組み，協調的な態度や振る舞いなど，言葉にして積極的にほめる，微笑みながらうなずいて知らせる 特定の子どもに偏らない，目立たない子どもこそ意識してほめる

［河村茂雄］

学級状態別で比較する「授業づくりのポイント」

かたさのある学級での授業づくり 本章

基本	子どもたちの自由度を高めるように	
●授業の枠		●教師のしきり
・緊張を緩和する ・ペア・小グループ活動を入れる ・多面的な評価		・ユーモアや楽しさ ・教師が少しひく ・子どもから引き出す ・体を動かす

ゆるみのある学級での授業づくり

基本	『ルールがあるから楽しい』を定着させるように	
●授業の枠		●教師のしきり
・型を決める（マニュアル化） ・単純な活動にする ・時間枠を設定 ・繰り返す ・一斉指導と1〜2人の活動を組み合わせる		・メリハリのあるしきり ・モデルを示す ・掲示物でひと目でわかるように ・説明を短く ・最初のスタートを守らせる

荒れ始めの学級での授業づくり

基本	教師の指示(着席する・聞くなど)に従うことの正当性を形成するように	
●授業の枠		●教師のしきり
・個人で ・単純な作業 ・短時間で ・ワークシート1枚あたりの文字数や問題数を少なくして，枚数をこなす		・深追いしない ・引き込まれない

まとまりのある学級での授業づくり

基本	創造性（推理・想像の力）を育てるように	
●授業の枠		●教師のしきり
・枠を少なく，ゆるくする ・大きなグループまで可能 ・個の力が発揮できるしかけ		・ルールと評価を子どもたち自身でつくる

［上條晴夫］

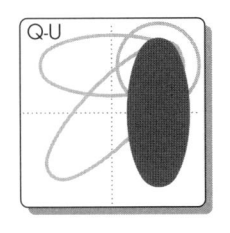

第2章 かたさのある学級

かたさのある学級の漢字練習
筆順ばっちりリレー

〈1～3年〉

こんな学級で
少数の子が学級を仕切り,しかられる子が決まっている。その子たちはやる気をなくし,学級を仕切っている子に反感をもつ。

ねらい
力を合わせて1つのものを完成させるゲームを通して,認め合い,励まし合う関係をつくり,全員が熱心に筆順を学習できるようにする。

漢字
計算
音読

授業スキル活用の公式

協力することで人間関係をつくり,相互に認め合わせる

第2節 １〜３年 漢字「筆順ばっちりリレー」

➡ 進め方

学級で，活躍できる子と，認められずに不満をもっている子に分かれている。そこで友達と力を合わせないと完成しない活動を通して，協力する喜びを味わわせる。

提示 1分

❶筆順リレーの仕方を説明する。

「正しい筆順で漢字を書くリレーをします。正しく早く書けたグループが勝ちです。次のようにやります」。

- グループで相談して「今日の漢字」の筆順を確かめる。
- リレーの順番を決め，並んで座って待つ。
- １人ずつ順番に黒板に出て１画だけ書き，リレーして漢字を完成させる。
- １画目の人は赤チョーク，２画目は青チョーク，３画目は黄チョーク，４画目は白チョーク，５画目は再び赤チョーク（以下は繰り返し）を使う。

❷今日の漢字を示し，ワークシートに一度書かせる。

活動 6分

❸グループごとに準備させる。

- 筆順を相談する。
- 担当の画を決める。
- 黒板の前に，チョークを持って書く順に座って待つ。

❹「用意，スタート」の合図でグループ対抗筆順リレーをする。

❺筆順の答え合わせをする。　※時間があれば❸〜❺を繰り返す。

「速かったのは○班でした。正解を確認します」。

「１位○班，２位○班，３位○班です！　拍手！」。

評価 2分

❻ワークシートに振り返りを書かせる。

「筆順は覚えましたか？　友達とはチームワークよくできましたか。ばっちり振り返りをしましょう」。

❼教師による評価

- 一生懸命取り組んでいたことや協力の様子を取り上げ，教師の感想を述べる。

⚠ 繰り返し方

STEP1 仲間と協力して１つの漢字を書き，筆順に興味をもたせる。（本時）
STEP2 グループで筆順を確認し，プリントに繰り返し漢字の練習を行う。
STEP3 「筆順係」をつくり，教師の代わりに筆順の答えを発表させる。

→コツ

よくしかられる子は無力感を抱いて勉強の意欲を失いつつある。教師は，ゲームに勝利するカギとなることをきっかけに，「一人一人が役割を果たすこと」と「グループで協力すること」を大切にして，子どもたちの努力を大いに認める。

提示のコツ

2 ▶ 「今日の漢字」は，ひと班の人数を考慮して決める。例えば6人編制の班なら12画以上の漢字が楽しい。ワークシートに一度自分で書かせることで，相談する前にその漢字の筆順を自分で確かめてみることができ，心構えをつくることができる。[構・場]

活動のコツ

3 ▶ ここでは，グループで相談することに意義があるから，自信がなくても「班の意見をまとめてゲームに参加する」ことに主眼をおく。[構・場]

3 ▶ チョークはバトンのように上手に次の人にパスすることが大切であることを伝える。[能・促]

4 ▶ 教師は班の協力の様子を観察する。迷っている子に声を掛け合いながらやっている班には，「緊張しないで。みんな応援しているよ。やさしい班だね」。責めている班には，とがめるのではなく，「さっき確かめた筆順が思い出せるようなヒントを言ってごらん」など，どのようにすればよいかを示しポジティブな声がけをする。[対・言]

5 ▶ 正しい筆順を教える。速くて正確な班を賞揚するとともに，「遅くても字がていねいな班」「大きくて画の長さもしっかりしている班」「責めずにやさしい声がけができていた班」をほめる。[構・評]

6 ▶ 2回戦は時間があったら取り組む。1回戦とは違った順番で書かせる。多様な面やいろいろな子を認めるためにいつもとは違った場を設定しているので，賞揚する場面や児童も変える。[対・賞]

評価のコツ

7 ▶ 漢字学習の楽しさに気づくことのほかに，友達とのリレーション形成がねらいである。教師がみずからの感想を織り交ぜながら，応援し合っていたことをほめるなど，あたたかい雰囲気で評価したい。「こざとへんのところがむずかしかったね。○班が正しく書けたようだから，○班の○○君に合わせて，空にみんなで書いてみよう」「どの班もあったかい応援ができていましたね。先生もとっても楽しかったです」。[対・賞]

※マークの解説　例えば[構・リ]は「構成スキル」の「リーダーシップ」をあらわす。詳しくは16頁へ。

ひつじゅんばっちりリレー

組　番　名前　　　　　　　月　日

やりかた

① 「きょうのかん字」にかん字・読みかた・つかいかたを書こう。
② グループでそうだんしてひつじゅんをたしかめよう。
③ たしかめたひつじゅんをひょうに書きこもう。
　ひつじゅんリレーのじゅん番をきめよう。

　一画目の人（赤色チョーク）
　二画目の人（青色チョーク）
　三画目の人（黄色チョーク）
　四画目の人（白色チョーク）
　※あとはくりかえし

④ スタートの合図があったら、ひとりずつ黒ばんへ出て、一画ずつかん字を書こう。
⑤ はやくて正かくだったチームがかち！

ふりかえり

● ひつじゅんばっちりかな？
　ばっちり😊　はっちり🙂　さっぱり☹

● チームワークは？
　ばっちり😊　はっちり🙂　さっぱり☹

見本

きょうのかん字	ひつじゅん	れんしゅうコーナー
かん字　図	1　一 2　冂 3　冂 4　冂 5　図 6　図 7　図 8　図	9　図 10　図 11　図 12　図 13　図 14　図 15　図 16
読みかた　ズ、ト　はかる		
つかいかた　図書かん　図る		

一もん目

きょうのかん字	ひつじゅん	れんしゅうコーナー
かん字	1／2／3／4／5／6／7／8	9／10／11／12／13／14／15／16
読みかた		
つかいかた		

二もん目

きょうのかん字	ひつじゅん	れんしゅうコーナー
かん字	1／2／3／4／5／6／7／8	9／10／11／12／13／14／15／16
読みかた		
つかいかた		

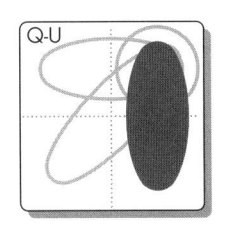

第2章　かたさのある学級

かたさのある学級の漢字練習
漢字テストでビンゴ！

〈4～6年〉

こんな学級で
子どもたちは教師の指示に従っているが，受身的な態度で，積極的な取り組みが少ない。黙って聞く姿にやる気が感じられない。

ねらい
楽しく取り組み，自分なりの努力をする喜びを感じる。漢字が苦手な子も，意欲をもって練習に取り組めるようになる。

1．漢字テストの答えをビンゴのマスに書く

2．正解したらビンゴに丸をつけていく

授業スキル活用の公式

苦手な子にもビンゴでプラスの評価をたくさん与える

出典：牧野英一氏（中学校教諭）開発のマッキーノを参考に賞を設定している。

第3節　4〜6年 漢字「漢字テストでビンゴ！」

➡ 進め方

沈滞した雰囲気で，苦手な子はとくに意欲を失いがちな漢字のテスト。やらされるテストからやりたいテストにするために，ゲーム的な要素を取り入れて楽しい雰囲気をつくり出し，苦手な子もプラスの評価を受けられる活動で意欲を喚起する。

提示 1分　1 ワークシートを配り，やり方を説明する。

「毎日10個漢字テストをしていきます。なんと，正解の丸を使ってビンゴをします」。
- 【事前活動】3回分の問題がまとめられている問題用紙（次ページの囲みを参照）をもとに，次の日に出される漢字10問を家で練習しておく。
- 今日の目標ビンゴの数を書き込む。
- テストの問題番号と答えをビンゴとラッキーボックスの好きなマスに書く。
- 教師が1から10のトランプをひいて，その問題の答えを子どもが板書する。
- 正解したマスに赤丸をつけ，2個並んだらリーチ，3個並んだらビンゴと言う。
- ラッキーボックスの丸は，正解できなかったビンゴのマスに使える。
- 「ファーストビンゴ」「目標ビンゴ」「パーフェクトビンゴ」などの賞がある。
- 3日連続して同じ問題で行い，2，3日目はグループで答え合わせをする。

活動 10分　2 10問の問題を黒板に書き，漢字テストをする（5分）。
- 自信のある答えの置き方とラッキーボックスの使い方を工夫するように言う。

3 1から10のトランプを引いて，その番号の問題の答えを合わせる。
- 「黒板に答えを書きたい人はいますか？」と聞き，引いた番号の漢字を黒板に書かせる。書けない子はパスして，別の子を指名する。
- とめ，はね，はらいなどを確認し，間違いは正しく直す。

評価 1分　4 各賞の発表と評価
- ラッキーボックスをどこに使うか決めさせ，結果をワークシートに書かせる。
- 「最初にビンゴになったのは，○○くん。パーフェクトビンゴは，△△さん。目標ビンゴ達成の人は，大勢いますね」と挙手させ，がんばりを評価する。
- 次回の目標を書かせ，間違えた漢字を10回練習させる。

❗ 繰り返し方

STEP1 学級の実態に応じて，前学年の復習や前学期の復習，単元の復習などを出題範囲とする。市販のドリルを用いてもよい。1学期間取り組むことを想定している。
STEP2 出題範囲を変えて繰り返す。

第2章　かたさのある学級

> ### ➤ コツ
> 苦手な子の意欲が低下している。明るく楽しい雰囲気の中で，ファーストビンゴや目標ビンゴの達成で苦手な子が学級内で承認される場面をつくりだす。

漢字

提示のコツ

1 ➡ やり方がわからずにキョロキョロとする子どものために，最初はワークシートを拡大したものを黒板にはり，教師が漢字を書き込みながら説明する。机の上に出すもの（ワークシート，筆箱）や，制限時間5分（学級の実態に応じて設定），しゃべらない，終わった人はシートを裏返す等のルールを確認しておく。[能・提] [構・リ]

1 ➡ 「どうせ，できない」とすでにやる気を失っている子どももいるだろう。「3問正解で1ビンゴ獲得。5問で2ビンゴ獲得だよ」と見通しを示して意欲をもたせる。[構・評] [能・提]

五年漢字テストビンゴ1 単元「新しい友達」その1	①仕事の都合	②大勢	③荷物	④球根	⑤絶対	⑥授業	⑦勢い	⑧漢字が得意	⑨帰国	⑩現れる
五年漢字テストビンゴ2 単元「新しい友達」その2	①心情	②表現	③理解	④気持ちを想像する	⑤自問自答	⑥引き寄せる	⑦新米	⑧修飾語	⑨似た意味の言葉	⑩内容
五年漢字テストビンゴ3 単元「五年漢字の成り立ち」その1	①基準になる線	②具体的	③荷物	④寺院	⑤銅像	⑥清潔	⑦明後日	⑧主張	⑨直ちに	⑩場所を移動する

問題用紙

活動のコツ

3 ➡ 答え合わせが進むと騒然とした雰囲気になりやすい。「席を離れない」「次の答え合わせになったら口を閉じる」という最低限のルールを示し，その範囲内であれば，子どもの素直な喜びを受け止め，明るく楽しい雰囲気を大切にする。[能・指] [対・雰]

3 ➡ 黒板に答えを書いて間違えてしまう子どももいる。「ここは間違えやすいんだ。○○さんのおかげで，みんなも勉強になったね」と間違えたことを積極的に扱う。[対・言]

3 ➡ 漢字練習の苦手な子どもがファーストビンゴをとることもある。「5つしか書いてないのにファーストビンゴなんて，すごいね」とみんなで拍手をおくる。[対・賞]

評価のコツ

4 ➡ いつも30点しかとれない子どもは，常にマイナスの評価を与えられ意欲を失っている。満点（パーフェクトビンゴ）のほかに，「今日の自分の目標が達成できた人は手をあげてください」と目標ビンゴ達成の子どもも評価する。[能・促]

4 ➡ 0ビンゴ，1ビンゴの子どもには「あと3問，あと2問でビンゴが増えるよ」と，あと少しの努力でビンゴ数が増えることを知らせ，次回への意欲をもたせる。[能・促]

※マークの解説　例えば[構・リ]は「構成スキル」の「リーダーシップ」をあらわす。詳しくは16頁へ。

_____月_____日

漢字テストでビンゴ！

組　番　名前

やり方

- 漢字テストの答えと問題番号をビンゴのマスに書く。
- ラッキーボックスにも答えと問題番号を書く。
- 答え合わせは，先生がひくトランプで順番を決める。
- 正解したら赤丸をつける。とめ・はね・はらいが合っていないと丸にはならない。
- たて・よこ・ななめのどれか1列がそろえばビンゴ！

● 今日の目標ビンゴ数は？……【　　　】ビンゴ／8コ中

ラッキーボックス

正解すると，最後にビンゴのマスのどこかに使うことができる。

特別ビンゴ賞

ファーストビンゴ	クラスでいちばん早くビンゴした人
目標ビンゴ	目標のビンゴ数をこえた人
パーフェクトビンゴ	8列ビンゴができた人
究極早上がりビンゴ	はじめの3問でビンゴになった人
0列ビンゴ	1列もビンゴにならなかった人

まちがえた漢字は，ノートに10回ずつ練習だよ。

● 今日のビンゴ数…………【　　　】ビンゴ
● 次回の目標ビンゴ数……【　　　】ビンゴ

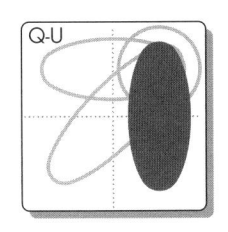

かたさのある学級の計算練習
ハンドブロックですいすい計算

〈1年・繰り上がりの足し算〉

こんな学級で
けじめはあるが活気がない。教師主導で活動はできるが、グループの活動などは沈滞する。とくに学力の低い層の元気がない。

ねらい
身体を使った活動に楽しく取り組ませる。できない子も繰り上がりの足し算が少しずつできるようになり、自分なりの努力をする喜びを感じる。

①6たす7は？
②6は5と1
③7は5と2
④5と5で10！
⑤あまった1と2をたして3！
⑥10と3で13！

授業スキル活用の公式

友達と一緒に、遊び感覚で学習の面白さに気づかせる

第4節　1年 計算「ハンドブロックですいすい計算」

→ 進め方

なんとなくギスギスしている。子どもたちの親しさを育てるために，学習成績以外の多様な面も評価できるように，体を使った2人組による楽しい活動を繰り返す。

提示 3分

1 ワークシートを配り，ハンドブロックで数字を表す練習をする。
・やり方を確認できるように，ハンドブロックの約束を箇条書きにして掲示。

2 ハンドブロックを使って，繰り上がりの足し算を，リズミカルに練習する。

①教師が子どもたち全員に対して掛け合い形式で進める。

「6＋7は。一緒に言ってみましょう。さんはい」。（子ども「6＋7は」）

「6は5と1で，7は5と2だから。さんはい」。（子ども「6は5と1で，7は5と2だから」）

「5と5で，10。さんはい」。（子ども「5と5で，10」）

「あまった1と2を足して3。さんはい」。

（子ども「あまった1と2を足して3」）

「10と3で13。答えは13です。さんはい」。

（子ども「10と3で13。答えは13です」）

②教師が子ども1人を指名してハンドブロックを使った計算をして見せる。

「ジャンケンポン。一緒にやりましょう」。勝った人「○＋○は？」。一緒に「○＋○は……」とハンドブロックを使って計算をする。

活動 5分

3 子ども同士で2人組になり，一緒にハンドブロックを使って足し算を練習する。
・「ハンドブロックを使って，2人で一緒に息を合わせて，足し算をしましょう」と言ってワークシートの(1)～(5)を繰り返させる。

評価 1分

4 教師からの評価
・ハンドブロックを使って，一緒に合わせて計算できていたペアをほめる。

5 ワークシートの振り返り欄に記入をする。

❗ 繰り返し方

STEP1	ハンドブロックを使ってペアで合わせて繰り上がりの計算をする。時間内にできる問題の数を増やす。できた問題の数を他のペアと競う。（本時）
STEP2	ペアでジャンケンをして問題を出し合い，1人でハンドブロックで計算をする。
STEP3	ハンドブロックを使わなくても計算ができるようになるチャレンジコース。

➡ コツ

教室に緊張感があって，子ども同士が打ち解けにくい。まずは教師が先頭に立って明るい雰囲気をつくる。すべての子どもの努力を認めるようにていねいな評価を行う。

提示のコツ

1 2 ➡ 周りの様子をうかがっている子どももいると予想される。勉強ができることだけが評価される風潮が強いためである。そこで，子どもたちの気持ちがのってくるように，教師が明るく声を出しながら手の動作を行い，楽しい雰囲気づくりをする。対・雰

活動のコツ

3 ➡ やり方の理解・やる気の差により活動にバラツキが生じる。動作の息が合っている，声が出ているなど，上手にできている2人組のそばに行って，「いいねえ」とほめる。付近の子どもがそれを見てモデルにする。対・賞

3 ➡ 時間のかかる子どもや飽きてしまう子には，机間指導し助言する。「やり方はわかるかな」「リズムが合ってきたね」「だんだん速くなってきたね」「うまいうまい」と声をかける。そのとき，少し身をかがめて，目線を低く子どものそばにして，掌を表に向けるようにする。
対・賞

「リズムが合ってきたねー」

時間がかかる子への机間指導

3 ➡ 簡単にできてしまっている2人組には，「すらすら計算ができるね」「楽しくやっているね」と声をかけ，「指を使わなくてもできそうだね」と，発展的課題へ向かわせる。
能・促

評価のコツ

4 ➡ 友達とかかわりながら学習するよさや楽しさを感じることがドリル学習の意欲につながる。そこで一生懸命さや協力，助け合いなどに焦点をあてて賞賛する。「○○さんと△△さんの組は，息もぴったりでだんだんスピードアップしてきたのでびっくりしました」「□□さんと☆☆さんの組では，教え合いながらやっていてよかったと思いました」。構・評 対・賞

※マークの解説　例えば 構・リ は「構成スキル」の「リーダーシップ」をあらわす。詳しくは16頁へ。

_____ がつ _____ にち

ハンドブロックですいすいけいさん   くみ　ばん　なまえ

▶▶ いっしょにハンドブロックをしたひと（　　　　　　）さん

● ハンドブロックをつかって，すうじをあらわそう。

5　　　　　6　　　　　7　　　　　8　　　　　9

れんしゅう

● ふたりでいっしょに，ハンドブロックをつかって，けいさんしよう。

(1)　6　＋　7　＝（　　　　）
(2)　7　＋　7　＝（　　　　）
(3)　8　＋　7　＝（　　　　）
(4)　9　＋　7　＝（　　　　）
(5)　7　＋　8　＝（　　　　）

※スラスラできるようになったら，ひとりがすきなもんだいをだそう。

ふりかえり

1　たのしかった？

　　たのしかった 😊　　まあまあ 🙂　　あまりたのしくなかった 😞

2　やるきは？

　　もりもり 😊　　まあまあ 🙂　　あまりやるきがでなかった 😞

3　むずかしかった？

　　へいき 😊　　まあまあ 🙂　　すこしむずかしかった 😢

4　やってみておもったこと

5　いっしょにやったひとからひとこと

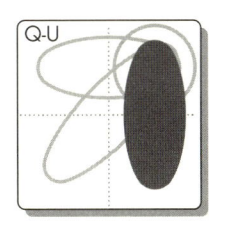

かたさのある学級の計算練習
2人でイカつり計算

〈5年・小数のかけ算〉

こんな学級で
1学期の半ば。けじめはできてきたが，なんとなく活気がなくなってきた。子どもたちにとくに不満はたまっていなさそうだが，手を打ちたい。

ねらい
シャレで興味を引いて教え合い活動に楽しく取り組ませることで，かかわり・認め合うきっかけをつくり，自分なりの努力の喜びを感じさせる。

1．イカを使った計算法を知る

2．イカつり計算をそれぞれやってから，ペアで正解数を増やすように教え合う

授業スキル活用の公式

ユーモアで楽しい雰囲気をつくる

出典：横山験也氏の講習会で紹介された「いかべー」をもとにしている

第5節 | 5年 計算「2人でイカつり計算」

進め方

なんとなく硬い雰囲気。子どもたち同士の親しさを育てるために，学習成績以外の多様な面も評価できるように，ユーモアある楽しい2人組による活動を繰り返す。

提示 5分

1 例題とイカマークを板書し，「小数点以下」と「イカ」のシャレを説明する。

「今日は小数点のかけ算をみんなが間違えないでできるようになるためのプリントを用意してきましたぁ。『イカつり計算』なんだけど，どうしてかわかる人〜」。

2 ワークシートを配り，「イカつり計算」のやり方を説明する。

①かけられる数の小数点以下の数字にイカマークをつけて，イカの数を書き込む。
②かける数にもイカのマークをつけて，イカの数を書き込む。
③イカの合計数を書き込む。
④小数点がないものとして計算する。
⑤答えの数字の小さい位から，イカマークをイカの合計数だけつける。
⑥イカマークをつけた数字の中で左端の数字の左に小数点をつける。

活動 7分

3 ワークシートを使って「2人でイカつり計算」をする。

「これから船に乗ってイカつりに行くぞー。2人で力を合わせてたくさんイカをつりましょう。どの2人組がいちばん多くつかまえられるかな。よーいドン！」。

・ワークシートの問題をイカマークをつけながら4分間で解く。
・ペアで2分間，答えを確かめたり，やり方を教えたりして，正解数を増やす。ただし写すのはなし。直したり，できなかった問題をやるときは必ず自分で計算する。
・教師が正解を発表し，正解した問題のイカの数がイカをつった数とする。

評価 1分

4 教師からの評価

・イカがたくさんつれたペアや教え合っていたペアをみんなに紹介してほめる。

5 ワークシートの振り返り欄に記入する。

繰り返し方

STEP1	「イカつり計算」の仕方を理解し，ペアで繰り上がりのかけ算をする。（本時）
STEP2	ペアでジャンケンをして問題を出し合い，交互に問題を解き合う。
STEP3	「イカ」の数をいろいろ変えても計算ができるようになるチャレンジコース。

> ## コツ
> 教室に緊張感が張りつめていて，子ども同士がうち解けにくい。まずは教師が先頭に立って明るい雰囲気をつくる。すべての子どもの努力を認めるように評価をていねいに行う。

提示のコツ

1 ▷ 明るい声で，教師も子どものレベルまでおりて，参加的なリーダーシップ(18頁)で和ませる時間を長めにとる。例えば，次の手順で対話をしていく。[構・リ] [能・発]

①例題（小数のかけ算）とイカの絵を板書し，それぞれ何を書いたものか聞く。
　→「小数のかけ算！」「何だろう」「おでん？ イカ？」と思い思いに述べる。
②小数点と小数点以下の数字を指して，それぞれ「これは何かな」と聞く。
　→「小数点以下第一位」などと言いながら，シャレに気づく子もいる。
③小数点以下の数字を囲むようにイカマークをつけながら「これは何かな」と聞く。
　→「以下とイカだ！」と子どもが気づかなければ，教師が簡単に教える。

2 ▷ 10月あたりに担任への不満からシラケが出始めている場合は，シャレは軽く説明して，「イカつりを使わなくてもできる人もいるけど，みんなができるようになるために協力してほしいんだ」と説得的なリーダーシップを発揮する。[構・リ]

活動のコツ

3 ▷ やり方の理解・やる気の差により活動にバラツキが生じる。ペアでやり方を確認し合ったり，一緒に学習を進めたりしているところに行き，「楽しくイカ釣りをしているね」とほめると，付近の子どもがそれを見てモデルにする。時間のかかる子どもや飽きてしまう子には，机間指導し助言する。「やり方はわかるかな」「イカの数をまず数えよう」「だんだん速くなってきたね」と声をかける。そのとき，相手の子どもにも聞かせて，一緒に活動をしていくようにする。[対・賞] [対・注]

評価のコツ

4 ▷ 友達とかかわりながら学習するよさや楽しさを感じることがドリル学習の意欲につながる。そこで一生懸命さや協力，助け合いなどに焦点をあてて賞賛する。「□□さんと☆☆さんのペアでは，教え合いながらやっていてよかったと思いました」「間違えたところを例題の仕方をもう一度確認しながらやり直していたペアもたくさんいました」など。[構・評] [対・賞]

※マークの解説　例えば[構・リ]は「構成スキル」の「リーダーシップ」をあらわす。詳しくは16頁へ。

___月___日

2人でイカつり計算

組　番　名前

イカつり計算

例

①小数点以下のくらいにイカを書く。

②イカの数を合計する。

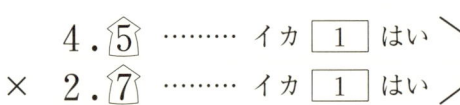

```
    4.5    ……… イカ [1] はい
  × 2.7    ……… イカ [1] はい   合計 [2] はい
   3 1 5          ③筆算をする。
   9 0
  1 2.1 5         ④答えに，②で合計した数のイカを書く。
                  ⑤いちばん左のイカの横に小数点を打つ。
```

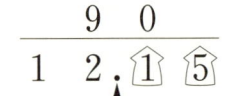

イカマーク

正解したら答えのイカをつりあげられる

●問題

① 　2.1　　　　② 　3.6　　　　③ 　7.3
　×3.7　　　　　×4.2　　　　　×5.4

④ 　1.54　　　⑤ 　8.92　　　⑥ 　15.75
　× 2.9　　　　×17.5　　　　×37.44

やり方

1　①〜⑥の問題を一人一人が4分間でとく。
2　2分間，2人で答えを確かめたり，やり方を教えたりする。ただし写すのはなし。

ふり返り

1　つれたイカは何はいですか？　　　自分は ____ はい　2人で ____ はい
2　友だちと教え合ってがんばれましたか？　　がんばれた　まあまあ　もう少し
3　ひとこと感想

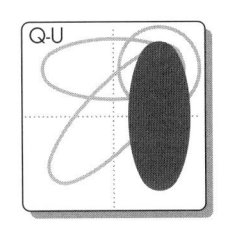

第2章　かたさのある学級

かたさのある学級の音読練習
音読アンサンブル

〈1～3年〉

こんな学級で
教師の指導に素直に従っている学級。反面，主体的な活動が少なく活気がない。一部の子だけが活発に活動している。

ねらい
友達と一緒に楽しく音読することで，意欲が低下している子も音読への興味や関心をもてるようにする。

板書内容：
① 一緒に読む
② まる読み
③ 間違ったら交代して読む
④ 役割読み
⑤ 立って読む
⑥ 背中合わせで立って読む
⑦ 好きな場所で読む

吹き出し：
「今日は，背中合わせで読もう」
「背中から声が伝わってくる」
「息が合ってますね」
「よし，ぼくの番だ」

音読メニューから読み方を選んで2人で読む

授業スキル活用の公式

緊張をほぐし，活動場面を多くして，学習する喜びを体験させる

第6節　1〜3年　音読「音読アンサンブル」

→ 進め方

音読の上手な子とそうでない子の意欲に差ができてきている。そこで，どの子も活動できる場をつくるために，簡単で楽しい教材を2人組で一緒に読み合うことから始め，音読の楽しさを味わわせ，意欲を高めたい。

提示 3分

1 「今日のお話」を配り，やり方を説明する。

「2人組になって，工夫したやり方でお話を読みます。何回も読みましょう」。「2人で協力してスラスラ，デッカイ声で読めたら○（まる）だよ」。

- 2人組で一緒に「今日のお話」を音読する。
- ただし「音読メニュー」にある読み方で，繰り返し読む。
- 読み方は2人で話し合って決める。

2 教師によるつれ読み

- 教師が句読点で区切って範読し，子どもたち全員に続いて読ませる。
- 内容に合わせて楽しい雰囲気で読む。

活動 5分

3 ペアで相談して「音読メニュー」から読み方を決め，音読する。

【音読メニュー】

①ペアで読む　②ソロでまる読み（1人ずつ読んでまるで交代する）

③リレー読み（間違ったら交代して読む）　④役割読み

⑤立って読む　⑥背中合わせで立って読む　⑦好きな場所で読む

- 仲良く相談して音読できているペアをほめる。

評価 1分

4 ワークシートの振り返り欄に記入させる。

- どんな読み方で何回読めたか記録させる。

5 教師による評価

- 2人で合わせて読んだり，協力していた様子をほめる。
- ワークシートを集め，一人一人に一筆書いて，後日返す。

! 繰り返し方

STEP1　ペアでいろいろな読み方をすることで，楽しく繰り返し読む習慣をつける。（本時）
「音読メニュー」を子どもと相談して作り，教室の前面に掲示する。
STEP2　読み方の工夫（表現）を目標にしてペアで読む。
STEP3　4人組で役割を決めて好きなお話を音読できるようにする。

教材例　五味太郎『あいうえおばけだぞ』絵本館，五味太郎『さる・るるる』絵本館，谷川俊太郎『あいうえおうた』福音館書店など，簡単で，ユーモアがあり語感のよいもの

➡ コツ

教室に緊張感があり，大きな声を出したり，楽しく学習したりする雰囲気に欠ける。そこで，友達と一緒に音読することで苦手意識を減らし，学習への参加意欲を高めるために，教師が明るい雰囲気で導入し，その子なりの努力を見つけ，すべての子を認め，ほめる言葉がけに努める。

提示のコツ

1 🔊➡ 音読が苦手な子は「いやだな」という気持ちが募っている。そこで楽しい雰囲気づくりをするために，教師が大きな口を開けて明るい表情で，発声練習「お口の体操」を準備体操として行う。やり方は掲示しておくとよい。また，個人差が出ないよう，教材は楽しく簡単な文を選ぶ。[構・リ] [対・雰]

```
お口のたいそう

お口のたいそう
あえいうえおあお
あさだげんきに
あえいうえおあお
```

活動のコツ

2 🔊➡ 初めは，ゆっくり，はっきりした言葉で読むことを習慣づける。そのためには，大きな口を開けている，言葉がはっきりしている，息が合っているなど，評価の観点を示しておく。気をつけて読んでいるペアのそばに行って，よかった点を具体的にほめる。ほかの子どもがそれを見てモデルにする。[能・促]

3 🔊➡ 相談がまとまらないペアには，「昨日は①をやったね。今日は何番にする？」「やりたい順番に言ってみようか」などと助言する。[能・促]

4 🔊➡ 個別に，「息が合ってきたね」「すらすら読めるね」「仲良く読めているね」と声をかける。そのとき，少し身をかがめて，子どもの声を聞くようにして，子どもの目線で声をかける。[対・賞]

評価のコツ

5 🔊➡ 「○○さんと△△さんの組は，息もぴったりで，びっくりしました」「□□さんと☆☆さんの組では，どう読んだらよいか教え合いながらやっていてよかったと思いました」などと，その子たちなりの，努力や協力，助け合いなどに焦点をあてて賞賛する。[構・評] [対・賞]

※マークの解説　例えば[構・リ]は「構成スキル」の「リーダーシップ」をあらわす。詳しくは16頁へ。

___ がつ ___ にち

おんどくアンサンブル

くみ　ばん　なまえ

きょうのおはなし

あいうえおうさま
あさの　あいさつ
あくび を　あんぐり
ああ　おはよう

いちごに　みるくを
いっぱい　いれて
いま　すぐ　たべると
いいです　おうさま

うまくも　ないのに
うるさく　うたい
うそで　ほめられ
うれしい　おうさま

えぷろん　つけて
えのぐを　たっぷり
えびの　えを　かく
えがおの　おうさま

おいしい　おむれつ
おやつに　たべて
おまけに　おかわり
おかしな　おうさま

文・寺村輝夫
『あいうえおうさま』理論社より

① やりかた

ペアのおともだちとそうだんして、きょうのよみかたをおんどくメニューからきめる。

おんどくメニュー

1 ペアよみ
　　ソロでまるよみ
2 ソロでまるよみ
　　まるでこうたい
3 リレーよみ
　　じゅんばんはじゃんけん
4 やくわりよみ
　　まちがったところでこうたい
5 スタンドよみ
　　たってよむ
6 なかよしよみ
　　せなかあわせでよむ
7 フリーよみ
　　すきなばしょでよむ

② ふたりできめたよみかたでなかよくよむれんしゅうをくりかえす。

ふりかえり

1 きょうは □ かいよみで　のよみかたでよみました。

1 たのしかった？
　　☺ ☺ ☹
2 なかよくできた？
　　☺ ☺ ☹
3 いっしょうけんめいよめた？
　　☺ ☺ ☹
4 スラスラよめた？
　　☺ ☺ ☹
5 おおきなこえでよめた？
　　☺ ☺ ☹

せんせいから

じょうずだったね
がんばったね
たのしそうだったね
なかよかったね

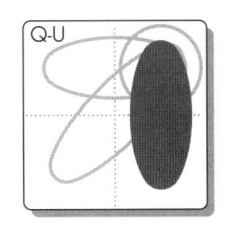

第2章 かたさのある学級

かたさのある学級の音読練習
グループ対抗スラスラ音読

〈4〜6年〉

こんな学級で
教師の指導に従えるクラスだが，言われたこと以上の取り組みはなく，最近は何人か取り組みが遅れる子どもが目につく。

ねらい
グループ対抗戦でやる気を引き出し，グループの友達とのかかわりと協力を高める。楽しく学習できるように雰囲気を和らげる。

授業スキル活用の公式

ルールのもとでの対抗戦で学習意欲を刺激する

第7節　4〜6年　音読「グループ対抗　スラスラ音読」

進め方

一部の子どもだけが学習に参加し，自己主張をしたい子どもたちの学習意欲が低下している。そこでグループ対抗の音読を取り入れ，楽しい雰囲気で音読をすることで，子どもに解放感や達成感を味わわせ，クラス全体の活気を取り戻すようにする。

提示 3分

1 やり方の説明をする。
「グループごとに音読を練習して，『グループ対抗　スラスラ音読』をします」。
- ルールは2つ。「スラスラ音読は，正確に，みんなに聞こえるような声で読む」「勝敗は，2グループずつで戦い，拍手の多いほうを勝ちとする」。
- 先生が教科書の文から1〜2行（慣れたら1段落）程度選んで範囲を決める。
- それをグループでスラスラ音読ができるように練習する。
- 2グループずつ音読を発表する。
- 聞いている人が，どちらのグループがスラスラ読めたかを判定する。

活動 10分

2 範囲を示して，教師の範読に続けて全員に読ませる。

3 4〜5人のグループで練習をする。
- 「みんな正確に音読しましょう」「声をそろえて，みんなに聞こえるようにはっきりとした声で音読しましょう」と言って始める。

4 2グループずつ「グループ対抗戦」をする。
- 2グループのうち，ジャンケンで先に読むグループを決める。
- 「よいほうを決めて拍手できるように，よく聞きましょう」と言う。
- 各対戦ごとに子どもたちの拍手で判定し，全部のグループが対抗戦を行う。

評価 2分

5 教師の評価と振り返り
- グループ対抗で拍手の多かったチームやがんばった子どもを具体的にほめる。
- 自分やグループのことを振り返って，ワークシートに記入する。

繰り返し方

STEP1 グループ対抗戦。音読範囲と対戦相手のグループを変えて繰り返す。（本時）
STEP2 音読の分量を変え，お互いに声かけができるように工夫させる。
STEP3 実態に応じてメンバーを変えたり，勝ち抜き戦をしたりして方法を変えてグループ対抗戦を楽しむ。

> **コツ**
>
> 教師の指導にきちんと従わせようとするが，一部を除き子どもたちの心が離れていく。「楽しそう」「勝ちたい」「どうやったらうまく読めるかな」という子どもの気持ちを押さえつけないように心がけ，楽しみながら音読ができるようにする。

提示のコツ

1 ⇨ 子どもの自由な学習活動を確保した授業であることをわかりやすく伝えるために，授業の骨格を提示し板書する。例えば，「練習の仕方はルール1です。勝敗の決め方はルール2です。ルール1は，正確にみんなに聞こえるような声で読むということです。ルール2は，2グループずつで戦い，拍手の多いほうが勝ちということです」「グループ対抗戦では，2つのルールを忘れないようにしましょう」と声をかけ，練習の目的意識や意欲を高めていく。[構・進] [能・提]

1 ⇨ 子どもたちは，自由さのある活動に，とまどいや不安を感じることが考えられる。そこで，「①音読の練習，②グループ対抗戦（対戦相手，順番，勝敗を決める），③振り返りの順にすること」という手順の全体像を知らせる。[能・指]

活動のコツ

3 ⇨ 勝つことをめざして，正確に声をそろえて読めるようになるためのグループ内での練習を工夫させる。例えば，「出だしの合図を決めて声をそろえよう」「発音がむずかしい言葉や場所は繰り返し練習しよう」「句読点では休む長さを決めよう」などといった助言を，グループの活動状況を見ながら行っていく。[能・促] [構・場]

4 ⇨ グループ対抗戦では，子どもたちが自主的に活動できるようにするために，黒板に対戦図を書いたり，進行役を決めたりできるとよい。また，グループをまとめているリーダー的な子ども，リーダーではないがよく協力している子どもを全員の前でほめ，どのグループも協力し合うことの大切さに目が向くようにする。[対・賞]

評価のコツ

5 ⇨ 対抗戦では，拍手の多さで勝敗を決めるため，結果に満足できる子もいれば，満足できない子もいる。そこで意欲を持続させるために，教師がミニコメントをして，よさを具体的にほめる。「正確に音読しました」「はっきりした，よく聞こえる声で音読できました」「練習では，お互いに声を掛け合ってよくがんばっていました」「みんなを引っ張っていく人と，がんばってついていこうとする人がいました」等。[対・賞]

※マークの解説　例えば[構・リ]は「構成スキル」の「リーダーシップ」をあらわす。詳しくは16頁へ。

_____月_____日

グループ対こう スラスラ音読　　組　番　名前

やり方
①教科書から先生がはんいを決める。
②4～5人のグループでスラスラ音読ができるように練習する。
③2グループずつ，音読を発表する。
④聞いている人が，どちらのグループがスラスラ読めたかを判定する。

> ルール1　スラスラ音読は，正かくに，みんなに聞こえるような声で読む
> ルール2　勝敗は，2グループずつで戦い，はく手の多いほうが勝ち

やってみよう

いっしょに音読した人　（　　　）（　　　）（　　　）（　　　）（　　　）

練習をしてみて……　　わたしの自信度は　（スラスラ，少しむずかしい）

　　　　　　　　　　　グループの自信度は（スラスラ，少しむずかしい）

グループ対こう戦 今日の結果	第（　　）回戦　対戦相手（　　　　　　）
	（　勝ち　・　負け　）

ふり返り

1　今日の音読は　　（楽しい，まあまあ，あまり楽しくない）

　　　　　　　　　（むずかしい，まあまあ，少しむずかしい）

　　　　　　　　　（やる気はもりもり，まあまあ，あまりやる気がしない）

2　やってみて思ったことを自由に書こう。

3　いっしょにやった人からミニコメントをもらおう。

第3章

ゆるみのある学級

第1節　ゆるみのある学級の授業とは
第2節　漢字「漢字大ずもう大会」1〜3年
第3節　漢字「部首もち熟語ゲーム」4〜6年
第4節　計算「1分間九九チャレンジ」2年
第5節　計算「めざせ！ わり算名人」4年
第6節　音読「音読すらすらマニュアル」1〜3年
第7節　音読「息を合わせてスラスラ音読」4〜6年

第1節
ゆるみのある学級の授業とは

授業における「ゆるみのある学級」の特性

学級集団のおもな特性は，次の3点である。

---

①人とかかわる・みんなで活動するルールが不確立である
　授業展開のルールが確立されておらずリズムがない
　私語，手遊びが多くなり，学習に集中できない
　学習活動への取り組みが遅い，役割活動に責任感がともなわず成果もいまひとつ

②子ども同士が小グループで固まり，全体でのまとまった活動ができない
　人の意見をしっかり聞けなかったり，冷やかしたりが多く，建設的な意見や考えの発表が少なくなる

③学習活動が深まらず，場当たり的な活動になりがちである
　まとまった成果が得られず，子どもたちも「やった」という実感がもてない

教師はこのマイナス面を補うために，次のような対策を立て，状態の改善を図ることが求められる。

▼

● 授業に参加し活動するためのルールを定着させる
・事前のわかりやすく・短いルールの確認，ルールに沿って活動できたかの評価
・ほめる形でのルールの定着の促進

● 騒がしくなっている教室でも指示が通るような工夫をする
・言葉による説明(聴覚)，カードによる提示・プリントの活用(視覚)などの複数の指示方法を同時に活用，単純で簡単な方法での学習活動の展開

● ルールの下で一つの学習活動をやりきる体験を積み重ねさせる・習慣を確立する
・短時間の活動，やりきったという目安が明確になった活動の設定

ゆるみのある学級で，意識的に活用したい授業スキル

❶ 構成スキル
学級集団の状態を受けて授業を展開する場を適切に構成する，授業場面の大枠を設定する

●授業進行のデザイン	教師主導の部分を多くして，何をすべきかを明確にした枠の中で授業を展開する
	一斉指導・個別活動のバランスをとり，両者の組み合わせで活動量の個人差が大きくならないようにする
●時間・インターバルの設定	複数の小さなパートで一つの授業を構成し，学習活動のリズム，メリハリをつける
●リーダーシップの発揮レベル	ルールの提示・確認などを教示的・説得的に行う

❷ 展開スキル－能動
教師の側からなされる授業を展開させるリーダーシップの発揮的な対応

●指示	やる意義・内容・やり方を，短く，具体的に，複数の指示方法で行う
	事前に活動のモデルとなるスタイルを示す
	全員の準備や取りかかりの節目をそろえて活動させる
●活動の促進	学級内にルーティン化された行動（発表の仕方，個別支援を受けたいときの合図，早く終わったときの時間の活用の仕方など）を定着させる

❸ 展開スキル－対応
子どもたちの行動や態度に対するカウンセリングの知見と技術が活きる対応

●注意	私語や勝手な行動にはルールを質問し，ルールに沿って活動することを事務的に促す
	想定されるルール違反は，事前にモデルを示して説明し，機先を制する
●発言の取り上げ	勝手な暴言や卑猥な言動は，「それで気が済んだ？」とさっと受け流す

［河村茂雄］

> 学級状態別で比較する「授業づくりのポイント」

かたさのある学級での授業づくり

基本	子どもたちの自由度を高めるように	
●授業の枠		●教師のしきり
・緊張を緩和する ・ペア・小グループ活動を入れる ・多面的な評価		・ユーモアや楽しさ ・教師が少しひく ・子どもから引き出す ・体を動かす

ゆるみのある学級での授業づくり 本章

基本	『ルールがあるから楽しい』を定着させるように	
●授業の枠		●教師のしきり
・型を決める（マニュアル化） ・単純な活動にする ・時間枠を設定 ・繰り返す ・一斉指導と1〜2人の活動を組み合わせる		・メリハリのあるしきり ・モデルを示す ・掲示物でひと目でわかるように ・説明を短く ・最初のスタートを守らせる

荒れ始めの学級での授業づくり

基本	教師の指示(着席する・聞くなど)に従うことの正当性を形成するように	
●授業の枠		●教師のしきり
・個人で ・単純な作業 ・短時間で ・ワークシート1枚あたりの文字数や問題数を少なくして，枚数をこなす		・深追いしない ・引き込まれない

まとまりのある学級での授業づくり

基本	創造性（推理・想像の力）を育てるように	
●授業の枠		●教師のしきり
・枠を少なく，ゆるくする ・大きなグループまで可能 ・個の力が発揮できるしかけ		・ルールと評価を子どもたち自身でつくる

［上條晴夫］

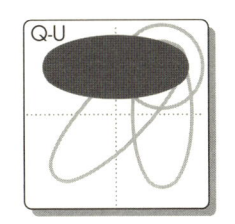

第3章　ゆるみのある学級

ゆるみのある学級の漢字練習
漢字大ずもう大会

〈1～3年〉

こんな学級で
活気はあるが，落ち着きがない。発言は多いが，けじめがない。意欲の低い子は学習に参加しなくなっていく。

ねらい
繰り返し練習することを習慣化する。いままで練習してこなかった子どももめあてをもって学習する楽しさを感じる。

漢字
計算
音読

授業スキル活用の公式

ゲームで集中させて，地道な練習を習慣化する

第2節 1〜3年 漢字「漢字大ずもう大会」

➡ 進め方

全体にざわついていて，授業を聞いている子と聞いていない子で取り組みに差が出ている。差をそのままにせず，どの子どもも漢字練習を習慣化するために，めあてをもって取り組むミニテストを行う。

提示 2分

1 ワークシートを配り，やり方を説明する。　※小テスト数日前の初日のみ

「10日間続けて5問ずつ漢字テストをする『漢字大ずもう春場所』を開催します」。

- 【事前活動】教科書で習った漢字から1日5問，10日分のテスト問題を表にして配る。前もって家で練習し，授業時間に行う10日連続のテストに備える。
- まず自分の目標を決めておく。
- 教師が黒板に5つ問題を出し，「はっけよい，のこった」の声で答えを書く。
- 正解した分だけ星取表に色をぬり，毎日の目標に達したら軍配印に色をぬる。

活動 5分

2 テストを行う。

- 「テスト用紙が配られたら名前を書いて，先生が合図するまで鉛筆を置いて待ちます」と言って，テスト用紙を配る。
- 「時間は5分です。書けたら鉛筆を置いて静かに待ちます」と短く指示して問題を黒板に掲示する。
- 「はっけよ〜い」で鉛筆を取り，「のこった」で書き始める。
- 「全員鉛筆を置いてください」の合図で終わる。

評価 3分

3 書き終えたテスト用紙を「集め係」が集め，昨日の採点結果を「配り係」が返す。

- 4人程度のグループで，各係を決めておく。

4 星取表に結果を記入させ，成果を確認する。

- 「自分のめあてが達成できた人？」とテンポよく手をあげさせる。
- 「みなさん，よくがんばりましたね」と教師が言ったら，全員が「ごっつあんです」と勢いよく返事をする。

⚠ 繰り返し方

STEP1	10日間続けて5問ずつ漢字テストをする『漢字大ずもう春場所』を行う。（本時）
STEP2	子どもたちが作った熟語や言葉を問題にして出題する。
STEP3	文章の中に漢字を使ったものを問題にしてチャレンジコースにする。

▶ コツ

小さなルールをみんなで守って学習すると，楽しく学習できることを体験させる。
練習→テスト→練習というサイクルを習慣づけることで漢字の定着を図る。

提示のコツ

1 ▶ 速やかに学習に入れない子もいる。「テスト用紙が配られたら，名前を書いて鉛筆を置いて静かに待つ」という習慣を，他の教科でも繰り返し練習させる。授業の導入部分でミニテストを行い，集中して授業に取り組む習慣をつける。[構・進]

活動のコツ

2 ▶ 教師の指示に従って集中して取り組んでいる子に，「名前をていねいに書いているね」「鉛筆を置いて静かに待っているね」などと教師がほめることで，行動のモデルを示す。[対・賞] [構・リ]

2 ▶ 板書をしていると待っていられずに騒ぎだすことが予想される。問題を書いておいたものを掲示し，間隔をあけない。[能・提]

2 ▶ 答えを書くのに時間がかかる子，書けない子には，机間指導し，「できるところからやってみようね」「できるところまでがんばってみようね」と助言する。[能・促]

2 ▶ 漢字が苦手な子や練習嫌いの子に机間指導で，「昨日はたくさん練習してきていたから，よく書けているね」「ていねいに書けているね」「とめや払いに気をつけて書けているね」と，個々のがんばりを認めていく。[対・賞]

評価のコツ

3 ▶ グループは4人組にして，すぐ集められるようにする。各グループごとに，集め係，配り係をいろいろな子に体験させて，参加意欲を高める。[構・進] [構・場]

4 ▶ 多く正解した子だけでなく，自分のめあてに向かってがんばっていることを教師が大切にしていることを伝えるために，めあてを達成できたかどうかを聞く。テンポよく声を出すことで，次への意欲を高める。[構・評] [対・賞]

4 ▶ 成績が上がらない子には，毎日の努力を認める声かけをする。「毎日練習を続けているのがとても立派だよ」「がんばっている〇〇さんが素敵だと思うよ」。[構・評] [対・賞]

4 ▶ 翌日の課題を確認し，目標を示してやる気を高めさせる。「明日は三日目です。今日は三日目の課題を練習してきてください。白星をあげられるようにがんばりましょうね」。[能・促]

※マークの解説　例えば[構・リ]は「構成スキル」の「リーダーシップ」をあらわす。詳しくは16頁へ。

_____月_____日

かん字大ずもう大会

組　番　名前

1日5問のかん字大ずもう
10日間でなんしょうできるかな？

はっけよい
のこった！

やりかた

・黒ばんのもんだいをかん字で書く。
・できたら見直しをする。
・おわったら，えんぴつをおいてしずかにまつ。

目ひょう

　　毎日………5せん（　　　）しょう

　　ぜんぶで…50せん（　　　）しょう

ほしとりひょう

正かいした数だけ○を，すきな色でぬろう。

毎日の目ひょうをクリアしたら，ぐんばいに色をぬろう。

　　　しょ日　○○○○○　🦢　　　六日目　○○○○○　🦢
　　　二日目　○○○○○　🦢　　　七日目　○○○○○　🦢
　　　三日目　○○○○○　🦢　　　八日目　○○○○○　🦢
　　　四日目　○○○○○　🦢　　　九日目　○○○○○　🦢
　　　五日目　○○○○○　🦢　　せんしゅうらく　○○○○○　🦢

〔　　　〕場しょ　とりくみのけっか

　　10日間の合計（　　　）しょう（　　　）はい

　　かくとくぐんばい数（　　　）こ

自分のふりかえり

1　れんしゅうは？

　（ばっちりできた，すこしできた，あまりできなかった）

2　とりくみのけっかは？

　（よくがんばった，もうすこしがんばれる，もっとがんばれるよ）

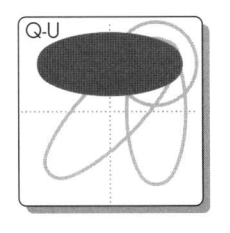

第3章　ゆるみのある学級

ゆるみのある学級の漢字練習
部首もち熟語ゲーム

〈4〜6年〉

こんな学級で
元気はあるが，ルールは定着していない。友達同士のかかわりはあるが，トラブルも多く協力した活動にはなりにくい。

ねらい
個別作業とゲームをセットにした活動で，自分で調べて問題を解き発表することを通して，漢字の知識，語彙力，表現力を高める。

1．「今日の部首」をもつ漢字を使った熟語をたくさん書き出す

2．手拍子に合わせて「今日の部首」と「熟語」をリレーする

授業スキル活用の公式

グループでリズムを合わせることで学習習慣を形成する

第3節 | 4〜6年 漢字「部首もち熟語ゲーム」

➡ 進め方

元気はあるが，力や声の大きな子どもが仕切っている学級。始めにワークシートに取り組むことで，普段は口数が少ない子もゲーム活動で大いに発表できる。できるだけ単純なゲームをし，ていねいに対応することでルールを育てる。

提示 1分

1 ワークシートを配り，やり方を説明する。

「ある部首をもつ漢字が使われている熟語をたくさん考え，それを使ってゲームをします。グループが勝ち残るように，熟語をいっぱい考えましょう」。

- 『今日の3つの部首』をもつ漢字が入っている熟語を，4分間でできるだけたくさん1人でワークシートに記入する。
- 4〜5人のグループで丸くなり，1番目の人を決める。
- 手拍子に合わせて，部首とそれを使っている熟語をリレーして言っていく。

　　全　員：手拍子（パンパンパンパン）
　　1番目：「せーの」（パンパン）「ごんべん」（パンパン）
　　2番目：「国語」（パンパン）「いとへん」（パンパン）　続く

- 【ルール】①思いつかなかったら「パス，ごんべん」と言って次の人に回す。
　　　　　　②パスをしても手拍子をして再び回ってきたときは解答できる。
　　　　　　③パスが1周したらアウト。最後まで続いたグループが勝ち。
　　　　　　④ワークシートを見ながら言ってもよい。

活動 5分

2 『今日の3つの部首』を使った熟語を4分間，個人で書かせる。

- 「たくさんの熟語や，人が思いつかない熟語を考えると有利だよ」と助言する。

3 グループの中で「今日の部首もち熟語ゲーム」を5分間する。

- 始めはゆっくりと，徐々に早いテンポで行う。
- 作戦タイムをとって，グループで熟語を追加して考えさせてもよい。

評価 1分

4 教師からの評価と振り返り

- 活発に熟語を発表できていたグループをほめる。
- ルールを守って活動したこと，協力したことを取り上げる。

❗ 繰り返し方

STEP1	時間内に探せた熟語の数をペアで競う。グループでゲームを行う。（本時）
STEP2	「学習中の単元にでてくる熟語」などの条件をつくって熟語探しをする。
STEP3	ワークシートを使わず，初めからグループゲームに取り組む。

>> コツ

声の大きな子どもが集団を仕切り，そうでない子どもは他人の目や行動が気になって活動がうまく進まないことがある。ルールを守ってゲームを進めさせることで，全員が安心して意欲的に取り組める体験を積み，学級集団のルールづくりにつなげる。

提示のコツ

1 ▶ 守るべきルールを子どもたちが共有し，違反がだれの目にも明らかになるように，やり方を紙に書いて掲示し，ひと目でわかるようにする。 能・提 構・リ

1 ▶ クラスの実態によっては，「同じ部首を含む熟語」ではなく「同じ部首をもつ漢字」「同じ漢字をもつ熟語」でゲームを進めてもよい。 構・評

活動のコツ

2 ▶ 答えが思い浮かばずにじっとしている子どももいると予想される。そこで，ある程度時間がたったときに，全員に，教科書や手もとの資料（辞典など）を使ってもよいことを知らせる。また，机間指導をして，「たくさん書けたね」「この熟語，よく思いついたね」「あとでするゲームが楽しみだね」と言葉をかけ，意欲を高める。 能・促

3 ▶ やる気の差，ワークシートのでき具合の差で，ゲームがスムーズに行えないグループが生じる。そのようなグループのそばに行き，始めはゆっくりとしたリズムで行うように言う。教師も手拍子をしてリズムをとったり，ゲームに参加したりして，明るく楽しい雰囲気づくりをする。子どもが熟語を発表するたびに，「上手！」「すごい！」などの合いの手をいれる。 対・賞 対・雰

3 ▶ 手持ちの熟語を発表しつくして飽きそうな子どもには，自分の番が来たら，「パス」と言って手拍子は続けるように声をかける。「グループの友達がリズムに乗って発表できるように，しっかりと手をたたいてね」「新しく思いついたら，次に回ってきたときに言ってね。そうしたらまた続くから」「友達が面白い熟語を言うかもしれないから，よく聞いて，あとで教えてね」と言って意欲を高める。 対・雰 能・促

評価のコツ

4 ▶ リズムよく活動できていたグループをほめる。また，子どもにも「グループの中で，教室のみんなに教えてあげたい熟語を言えた人はだれですか？」「ゲームが長く続けられた（みんなでたくさんの熟語を考えつくことができた）グループはどこですか？」と問いかけ，あげられた子どもやグループは大いにほめる。 構・評 対・賞

※マークの解説　例えば 構・リ は「構成スキル」の「リーダーシップ」をあらわす。詳しくは16頁へ。

___月___日

部首もちじゅく語ゲーム

組　番　名前

1　「今日の3つの部首」を使った漢字が入ったじゅく語をたくさん書こう。

例：日　部首名（ひへん）　　月曜, 曜日, 明日, 明星, 明暗, 暗記

	部首名（　）

	部首名（　）

	部首名（　）

2　書いたじゅく語を参考にして，「今日の部首もちじゅく語ゲーム」をしよう。

1番の人　せ〜の　パンパン　ごんべん　パンパン
2番の人　国語　パンパン　いとへん　パンパン
全員で手びょうし
4番の人　語学　パンパン　きへん　パンパン
3番の人　終結　パンパン　ごんべん　パンパン

・じゅく語が思いつかなかったら「パス，ごんべん」と言って次の人に回す。
・パスをしても手びょうしをして，ふたたび回ってきたときはかい答できる。

ふり返り

1　今日のじゅく語さがしはどうでしたか。
　□たくさん見つかった
　□まあまあ
　□むずかしかった

2　今日のグループゲームは，ルールを守ってできましたか。
　□うまくできた
　□まあまあ
　□あまりできなかった

3　今日のグループゲームをやってみて思ったことを書きましょう。

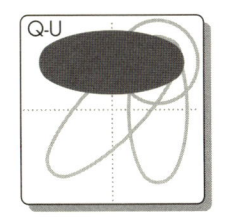

第3章　ゆるみのある学級

ゆるみのある学級の計算練習
1分間九九チャレンジ

〈2年・かけ算九九〉

こんな学級で
学級全体に元気はあって乗りはよいが，何となくざわついて落ち着かない。ルールに従うのではなく，声の大きな子に流される。

ねらい
一人一人が役割をもち，ルールを守ってお互いの学習に2人組で協力し合うことで，楽しく繰り返し，定着を図る。

1．教師の合図であいさつをする

2．1分間カードで問題をどんどん示し，答え続ける

授業スキル活用の公式

役割に従って練習を繰り返し，学習リズムを形成する

第4節　2年 計算「1分間九九チャレンジ」

進め方

教師の指示に反応が鈍く集中できない学級なので，匿名性を下げ，全員が参加するシステムを組み込む。一人一人に役割を与え，お互いの学習に協力し合う活動をペアで繰り返すことで，ルールに従って全員が確実に活動できるようにする。

提示 3分

① やり方を説明する。

「2人で協力して九九を正しくたくさん言う競争をします。2分間に2人で言えた九九の合計を競います。今日から3日間，5の段をやります」。

・自分とペアの今日の目標ポイントを決める。
・役割に従って九九チャレンジを1分間行い，交代してすべての役割を行う。
　　出題者…5の段の9枚のカードを持ち，1枚ずつめくって問題提示する。
　　　　　　9枚終わったらまた9枚すべてを持ち，1分経過するまで繰り返す。
　　選手……カードの問題を読み，答えを言う。わからないと「パス」と言う。
　　　　　　パスや誤答だったとき，正しい九九を3回言う。
・ルール「役割を果たす」「むだ口をしない」「友達に文句を言わない」を守る。
・「用意」の合図で「よろしくお願いします」と言って始め，「やめ」の合図で「ありがとうございました」と言って終わる。
・1日1回3日連続で行い，自分とペアのポイントを増やす。

活動 3分

② 教師の合図で1分間の九九チャレンジを交代しながら行う。

・ジャンケンで役割を決め，「1回目に選手の人？」「出題者の人？」と手をあげさせて役割を確認する。
・「用意（子ども：よろしくお願いします），始め」「やめ（子ども：ありがとうございました）」の合図で行い，2回目も役割を確認し，同様に行う。

評価 2分

③ ワークシートに振り返りを記入

④ 教師からの評価

・ポイントが多かった人とルールを守れた人など行動を評価する。
・シートを集めシール等で評価。帰りの会で返し，1人ずつファイルさせる。

繰り返し方

STEP1	1種類の段で繰り返し練習をする。（本時）
STEP2	2種類以上の段で出題し定着を図る。
STEP3	子どもに行司係と時間係をさせ，役割の全体化を意識させる。

第3章　ゆるみのある学級

> ### ▶ コツ
> 学級内にみんなで一緒に同じことをする雰囲気がなく，一斉に暗唱練習をさせようとしても集中できない子どもが出てくる。活動前にルールと役割を短く徹底し，役割をもった活動をさせながら，子どもたちを学習の枠組みに巻き込んでいく。

提示のコツ

1 ▷ 一斉にぱっと集中できないことが予想される。思い思いなことをやっていても許される雰囲気があるためである。教師は，今日やる課題をさっと提示し，全員が前を向いて，同じことをやってみようと思える環境づくりをする。 構・リ

1 ▷ 話がしっかり聞けないことが考えられる。学習のルールが存在しないためである。手順や約束事がしっかり理解できるように掲示や板書などして視覚に訴える。 能・提

活動のコツ

2 ▷ 役割を交代するたびに，「選手の人？」「出題者の人？」と聞き，挙手をさせて，どのグループもそろえて活動を進めさせる。テンポよく教師主導で確認していくことで，教師のリーダーシップに慣れさせる。 構・リ

2 ▷ 役割を交代するたびに，お互いの学習の向上に役立つように活動することが大切であることを意識づける。例えば，「集中してチャレンジできた選手は手をあげて？」「そこはじょうずに協力できているのですね」など，その場で活動がうまく進んでいるところを評価する。 能・促

2 ▷ 友達を責める子どもには，その子の気持ちを聞いて，してはいけないことをわからせる。「どうしてそんな言い方をしているの？」「そうか。でも，友達を責めても相手がいやな思いをするだけで何の進歩もないと思いませんか？　○○さんの心が傷ついて先生はいけないことだと思います」。 対・注

評価のコツ

3 ▷ 自己評価を書けない子のそばに行き，具体的な質問をしながら，その子の思いを整理する。また，用紙も書きやすいように工夫する。 能・促

4 ▷ 楽しくできたのはなぜかを子どもと考えるなかで，ルールを守ってみんなと一緒にできた具体的な行動をあげ，ほめる。また，個人の努力の成果やグループの成果を認め，次時の意欲へつなげる。 対・賞 構・評 能・促

※マークの解説　例えば 構・リ は「構成スキル」の「リーダーシップ」をあらわす。詳しくは16頁へ。

_____ がつ _____ にち

1分間九九チャレンジ

くみ　ばん　なまえ

やりかた
1　ジャンケンして「しゅつだいしゃ」と「せんしゅ」をきめる。
2　1分間，九九チャレンジをする。
　　しゅつだいしゃ……5のだんのカードを1まいずつめくってもんだいを見せる。
　　せんしゅ……もんだいを見てこたえる。わからないときは「パス」という。
　　　　　　　パスやまちがえたときは，正しい九九を聞いて3かいいう。

ルール
①やくわりをはたす　②むだ口をしない　③ともだちにもんくをいわない
「よろしくおねがいします」ではじめて，「ありがとうございました」でおわる。

きろくひょう　〔　　〕のだん〔　　〕かい目

	じぶん	ふたりの合けい
目ひょう	もん	もん
けっか	もん	もん
	(メモらん) チャレンジのとちゅうでメモしよう	

ふりかえり
1　きょうのだんが，ぜんぶいえるようになりましたか？（ばっちり，もうちょっと）
2　九九チャレンジをやって，おもったことをかきましょう。

先生からあなたへ
＊かんぺきしょう
＊しんぽしょう
＊目ひょうOKしょう

先生からグループへ
＊みんなでアップしょう
＊目ひょうOKしょう

完ぺき賞：合格シール。目標OK賞：花丸シール。進歩賞：1～3は赤シール，4～6は銀シール，7以上は金シール

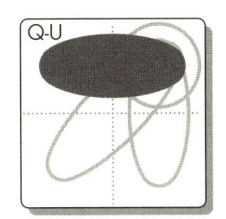

第3章　ゆるみのある学級

ゆるみのある学級の計算練習
めざせ！わり算名人

〈4年・わり算の筆算〉

こんな学級で
いたずらや悪ふざけをする子どもが多く，周囲もそれを面白がっている。授業中もふざけた言動に引きずられ，集中が続かない。

ねらい
教師とのジャンケン，教師による時間計測を通して，教師に注目し指示を聞く状態を作り，緊張感をもって練習に挑戦させる。

1．先生にジャンケンで勝った人数が「わる数」になる

2．わり算を解き終えたタイムを測り，2日間で記録を縮める

授業スキル活用の公式

友達と楽しく競争することで学習リズムを確立する

77

第5節　4年 計算「めざせ！ わり算名人」

進め方

教師が繰り返し言って，ようやくばらばらと動き始める学級である。そこで，子どもたちが教師の言動に一斉に注目する「教師とのジャンケン」「教師の時間計測によるタイムアタック」で，集中してやり切る達成感を味わわせる。

提示 3分	**1** ワークシートを配り，進め方を確認する。 「2日続けてわり算をし，記録に挑戦します。問題は『わる数ジャンケン』で決めます」。 ・先生と全員でジャンケンをして，先生に勝った人の数をわる数とする。 ・ジャンケンは1問ずつ合計5回する。 ・わり算は一の位まで計算し，あまりが出ることもある。 ・解き終わった子は「はい」と合図して，教師が「○分○秒」と時間を知らせる。 ・早く終わった人は確かめ算をする。 ・計算を1問間違うごとに記録に10秒をプラスする。 ・2日行い，タイムが最も縮まった人が上達名人。最も速かった人はわり算名人。	
活動 5分	**2** 先生と全員でジャンケンをして，先生に勝った人数を「わる数」として黒板に書く。 ・わる数は，引き分けの人数を含めると大きく，「先生」対「小グループ」でジャンケンすると小さくできる。 **3** 教師がストップウォッチを持ち，「よーい，スタート」の合図で，わり算を始める。 ・5分間で終わらなかった子は，解けなかった問題1問につき10秒プラスする。	
評価 3分	**4** 答え合わせをして，記録を確認する。 ・2日目は前回の記録と今回の記録を比べ，全体で上達名人・わり算名人を認定する。 **5** ワークシートの振り返り欄に記入する。 ・1日目はワークシートを回収する。	

繰り返し方

STEP1	問題数を増やしたり，難易度を上げたりしていく。
STEP2	「わる数ジャンケン」を省略し，記録に挑戦だけで繰り返す。

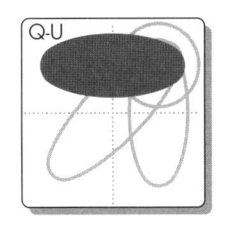

第3章　ゆるみのある学級

ゆるみのある学級の音読練習
音読すらすらマニュアル

〈1〜3年〉

こんな学級で
活気があり全員積極的に取り組んでいるように見えるが，力や声の大きい一部の者ばかりが中心になり，そうでない子どもの不満がたまっている。

ねらい
力を合わせてルールを守って練習に取り組むことで，音読の技能が高まる喜びを感じる。どの子も自信をもって音読できるようにする。

（吹き出し）
- 背中よし　足よし　教科書よし
- 音読スタート
- マニュアルのとおり「スタート」と言って始めてください

（黒板）
音読マニュアル
正しく聞こえる声
ちょうどよい速さ

授業スキル活用の公式

マニュアルにより練習をパターン化する

第6節 1〜3年 音読「音読すらすらマニュアル」

➡️ 進め方

元気のいい子だけで勝手に活動を進めている状態なので，練習の流れをマニュアル化することで，活動のルールを守りやすくする。リズミカルなかけ声を入れることで活動にメリハリをつける。練習は音読の上達を図るために2人組で行う。

提示 5分	**1 やり方を説明する。** ※初回のみ 「2人組になって相手の音読を聞き，アドバイスをし合って練習をします。『マニュアル』のとおりに練習して，上手に読めるようになりましょう」。 ①「お願いします」と2人組であいさつをする。 ②読む人は「音読スタート」と合図をして音読を始める。聞く人はワークシートを挟んだ用箋ばさみを手に持ち，「背中・足・教科書」と読む人の姿勢を指して確認。 ③音読を聞いた評価をワークシートに書いて見せる。 ④役割を交代して練習する。 ⑤終わったら用箋ばさみを机の上に置く（先生が見てわかる）。 **2 よい読み方を説明し，今日の範囲を教師について一斉に音読させる。** ・よい読み方として「正しく」「聞こえる声」「ちょうどよい速さ」を説明する。 ・マニュアルどおりに姿勢を確認する。 ・教師に続けて，読点読みや句点読みで，区切って読ませる。
活動 5分	**3 マニュアルを使って2人組で音読練習** ・マニュアルどおりできていないペアには，教師が手本（モデル）を示し，やり直させて定着させる。
評価 2分	**4 教師からの評価** ・練習の流れを守っていたペアや，熱心に音読練習をしていた子どもをほめる。 **5 振り返りをワークシートに記入する。**

⚠️ 繰り返し方

STEP1 一斉音読を読点読みから句点読みへ変える。音読する文章の量を増やす。（本時）
STEP2 めあてを「〇〇のところははっきりと，△△のところはゆっくりと」と設定し，レベルアップさせていく。
STEP3 「今日の挑戦者コーナー」や「ミニ音読大会」を設ける。

第3章　ゆるみのある学級

> **コツ**
> 音読している子に茶々を入れたり，自由気ままに活動したりする子がいる。そこで，ルールを守ったことや音読練習の成果が自覚できるように評価をていねいに行う。

[提示のコツ]

❷ ▶ 音読を始める合図と，指さし確認を全員で一斉に行うことで，教師の指示に従って全員が同じ行動をすることに慣れさせる。教師が「音読スタート。さんはい」と言ったら，子どもたちが「背よし（背中を伸ばす），足よし（床につく），教科書よし（しっかり持つ），始めます」と言って準備をするようにさせる。[構・リ] [能・指] [能・促]

[活動のコツ]

❸ ▶ 初めのうちは音読スタートの合図がうまくできない子どもがいる。なんとなくやればいい，勝手にそれぞれやっていいという習慣が身についたためである。そこで，この合図が音読の上達に必要であることや，合図の声がそろうと気持ちがいいことを話す。初めのうちは教師が明るく声を出してリードしながら何度か練習する。[構・リ]

❸ ▶ 対人関係のストレスによりうまく活動を進めることができないことを防ぐために，人間関係などを考慮し，子どもが安心して活動できるペアを教師が決める。[構・場]

❸ ▶ マニュアルに従うことが窮屈で練習の流れを守らない子どもには，「いい声を出せるのだから，この練習をちゃんとやるともっとよくなるよ」「慣れてくると楽しくなるよ」「〇〇さんが練習をしたいのだから，力をかしてあげてね」「用箋ばさみを持って先生になったつもりで聞いてごらん」などとその子の性格に合わせて声をかける。[能・促]

❸ ▶ ペアの評価に納得がいかないこともある。教師が振り返りカードに励ましのコメントを記入してフォローする。[対・賞]

❸ ▶ うまくできない子を責める雰囲気が出てくることが予想される。集中して練習することに価値があることを，毅然とした態度で話す。[対・注]

[評価のコツ]

❹ ▶ まず練習の流れをきちんと守って活動したことをほめる。スムーズに活動できるようになったらそのことも取り上げて賞賛する。次に，音読の上達にかかわることを具体的にほめる。時間が足りない場合は，振り返りカードにコメントを記入する。聞く人が評価をきちんとしてくれるから音読が上達したことを折にふれて話す。[構・評] [対・賞]

※マークの解説　例えば[構・リ]は「構成スキル」の「リーダーシップ」をあらわす。詳しくは16頁へ。

_____月_____日

音読すらすらマニュアル

組　番　名前

● もくひょう
・2人できょう力して，音読じょうずになろう。
・音読マニュアルのとおりにやり，正しく，聞こえる声で，ちょうどよいはやさで読もう。

● 音読マニュアル

> 1　「おねがいします」と2人であいさつをする。
> 2　1人が読む人，1人が聞く人になって練習する。
> 　①聞く人：用せんばさみをもつ。
> 　②読む人：「音読スタート」とあいずをして，音読をはじめる。
> 　③聞く人：せなかがのびていれば「せなかよし」，足がゆかに着いていれば「足よし」。しっかり教科書をもっていれば「教科書よし」と指でさしてたしかめる。
> 　　　　　：音読をしっかり聞いて，下のれんしゅうきろくに書く。
> 　　　　　：音読が終わったら「ごくろうさまでした。今日のがんばりはこれです」とれんしゅうきろくを見せる。
> 　④読む人：「ありがとうございます」と言ってれんしゅうきろくを見る。
> 3　やくわりをこうたいして①〜④をする。
> 4　おわったら用せんばさみをつくえの上において先生に知らせる。

● (　　　　) さんのれんしゅうきろく

日にち	日	日	日	日	日
正しく					
聞こえる声					
ちょうどよいはやさで					

◎　よくできた　　○　できた　　△　あとすこし

ふりかえり

　　　　　　　　　　　(　)日　(　)日　(　)日　(　)日　(　)日
いっしょうけんめいやった　♡♡♡　♡♡♡　♡♡♡　♡♡♡　♡♡♡
うまく音読できた　　　　　👄👄👄　👄👄👄　👄👄👄　👄👄👄　👄👄👄
うまく聞くことができた　　👂👂👂　👂👂👂　👂👂👂　👂👂👂　👂👂👂

よくできたは3つ，できたは2つ，あと少しは1つ

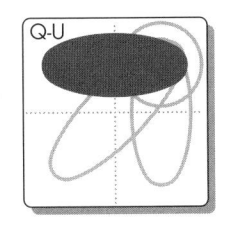

第3章　ゆるみのある学級

ゆるみのある学級の音読練習
息を合わせてスラスラ音読

〈4〜6年〉

こんな学級で
元気で積極的なクラス。グループ活動は勢い次第で，脱線したら止まらない。一部の子が中心となり，全員の活動にならない。

ねらい
グループの音読リーダーを中心に決まった形の音読練習を繰り返し，ルールに従って学習する楽しさを味わう。

授業スキル活用の公式

グループで息を合わせ，学習リズムを形成する

第7節　4〜6年　音読「息を合わせて　スラスラ音読」

→ 進め方

活発に活動するがまとまりに欠けるクラスである。子ども同士のチームワークを高めるために，リーダーの合図で息をそろえて音読練習をし，一体感をもてる活動を繰り返す。

提示　3分

❶やり方を説明する。

「読点で息継ぎをせずに，句点まで一息で読む『スラスラ音読』を，10人グループで行います。やり方は，グループのリーダーに続けてみんなが一斉に音読します。リーダーと同じようにスラスラと，全員の息をそろえて読むことに挑戦しましょう」。

・グループの音読リーダーは句点まで息継ぎをしないで一息で読む。
・メンバーは，同じところを同じ速さで，声がピッタリ合うように一息で読む。
・長くて読めない文は，音読リーダーが息継ぎを入れる場所を一箇所決める。
・リーダーと同じ速さ，同じところで息を継ぐのが，上手に声を合わせるコツ。
・最後まで読み終えたら，振り返り用紙に記入して，リーダーを交代する。

❷教師が音読リーダー，子どもたちがメンバーとなってやってみる。

音読リーダー（教師）「このままでは絶滅が心配されます。ハイ」。
メンバー（クラス全員）「このままでは絶滅が心配されます」。

活動　5分

❸10名程度のグループに分け，グループでスラスラ音読をする。

・最初は教師がリーダーを指名し，グループごとにスラスラ音読をする。
・教師は，「ぴったり」「ちょっとずれてる」など短く声をかけて回る。
・読み終えたらワークシートの振り返りに記入し，音読リーダーを交替して繰り返す。

評価　2分

❹音読の発表と教師の評価

・グループごとに音読を発表する。
・息の合っていたグループをほめる。

❗ 繰り返し方

STEP1	音読リーダーの合図に合わせて，グループでスラスラ音読をする。（本時）
STEP2	音読リーダーなしで，グループで息をそろえてスラスラ音読する。
STEP3	1人でスラスラ音読をする。

> ## コツ
> 音読の苦手な子どもにとって，みんなの前で1人で音読するのは抵抗感が強い。特にルールが低下した学級では音読の活動自体が停滞する可能性がある。みんなで一斉に音読練習をすることで安心して声を出すことができ，一体感が味わえる。また，耳から文章を聞きながら音読をすることができるので苦手な児童の上達も早い。

提示のコツ

2 ⇒ グループの音読リーダーが役割を発揮できるように，出だしの速さや合図の仕方など，初めに教師がきちんと模範を示す。さらに，グループで息を合わせる意欲を高めるために，「いまのいいね」「ますます合ったね。すごい！」など，息を合わせて音読ができたときの気持ちよさを強調する。[能・提] [対・賞] [能・指] [能・促]

活動のコツ

3 ⇒ なかなか声が合わないグループには，「リーダーが読んだ速さで読みなさい」「句点まで一息で読みなさい」「息継ぎの場所をそろえなさい」と助言をする。[能・指] [能・促]

3 ⇒ 「鉛筆で休むところに印をつけてもいいですか？」「リーダーが指や手で出だしの合図をしてもいいですか？」などの工夫を求めてくるグループもあると思われる。そのときには，自発的なそれらの取り組みを大いにほめ，全体にも紹介していく。声がそろってきたグループには，「そろってきれい。流れるような声になってきた」「うまい。1人がスラスラ読んでいるように聞こえてきたよ」などと賞賛の言葉をかけていく。[対・賞] [対・言]

評価のコツ

4 ⇒ 音読が苦手な子どもは，声が小さくなりがちである。そこで，声の大きさよりも合わせようとしているかを重視し，ほめるようにする。[対・賞] [構・評]

4 ⇒ みんなでぴったり声が合えば，「集団で行うルールのある練習」の楽しさを感じ，繰り返し音読することへの意欲につながる。そこで，音読リーダーとグループ，グループメンバー同士の息が合っていた様子を具体的に賞賛する。「○○さんのグループは息がぴったり合っていました」「音読リーダーの△△さんの合図がとても上手でした」「□□さんのグループは1人で読んでいるように合っていました」など。[対・賞]

4 ⇒ 音読が苦手な子どもに対して，その子を責めるのではなく，やさしくアドバイスをおくったり，その子のペースで練習していたグループをほめる。[構・評]

※マークの解説　例えば[構・リ]は「構成スキル」の「リーダーシップ」をあらわす。詳しくは16頁へ。

_____月_____日

📖 息を合わせて スラスラ音読

組　　番　　名前

🟦 やり方

①10人くらいでグループをつくります。

②音読リーダーが1文ずつ「スラスラ音読」をします。

③グループのメンバーは息を合わせて、リーダーと同じか所を音読します。

④最後まで読んだらふり返りを書き、リーダーを交代してくり返します。

<ルール>
- く点まで一息で読む（スラスラ音読）。
- 音読リーダーと同じ速さで読む。
- 声がピッタリ合うようにする。
- 長い文は、リーダーが息つぎを入れる場所を一か所決める。

🟦 ふり返り

1回目　音読リーダー（　　　　　　　　　　）

〈ふり返り〉
- スラスラ読めましたか？（◎, ○, △）　☐
- 息は合っていましたか？（◎, ○, △）　☐
- 次はどんなところに気をつけたいですか？

☐

2回目　音読リーダー（　　　　　　　　　　）

〈ふり返り〉
- スラスラ読めましたか？（◎, ○, △）　☐
- 息は合っていましたか？（◎, ○, △）　☐
- 次はどんなところに気をつけたいですか？

☐

3回目　音読リーダー（　　　　　　　　　　）

〈ふり返り〉
- スラスラ読めましたか？（◎, ○, △）　☐
- 息は合っていましたか？（◎, ○, △）　☐
- 次はどんなところに気をつけたいですか？

☐

第4章

荒れ始めの学級

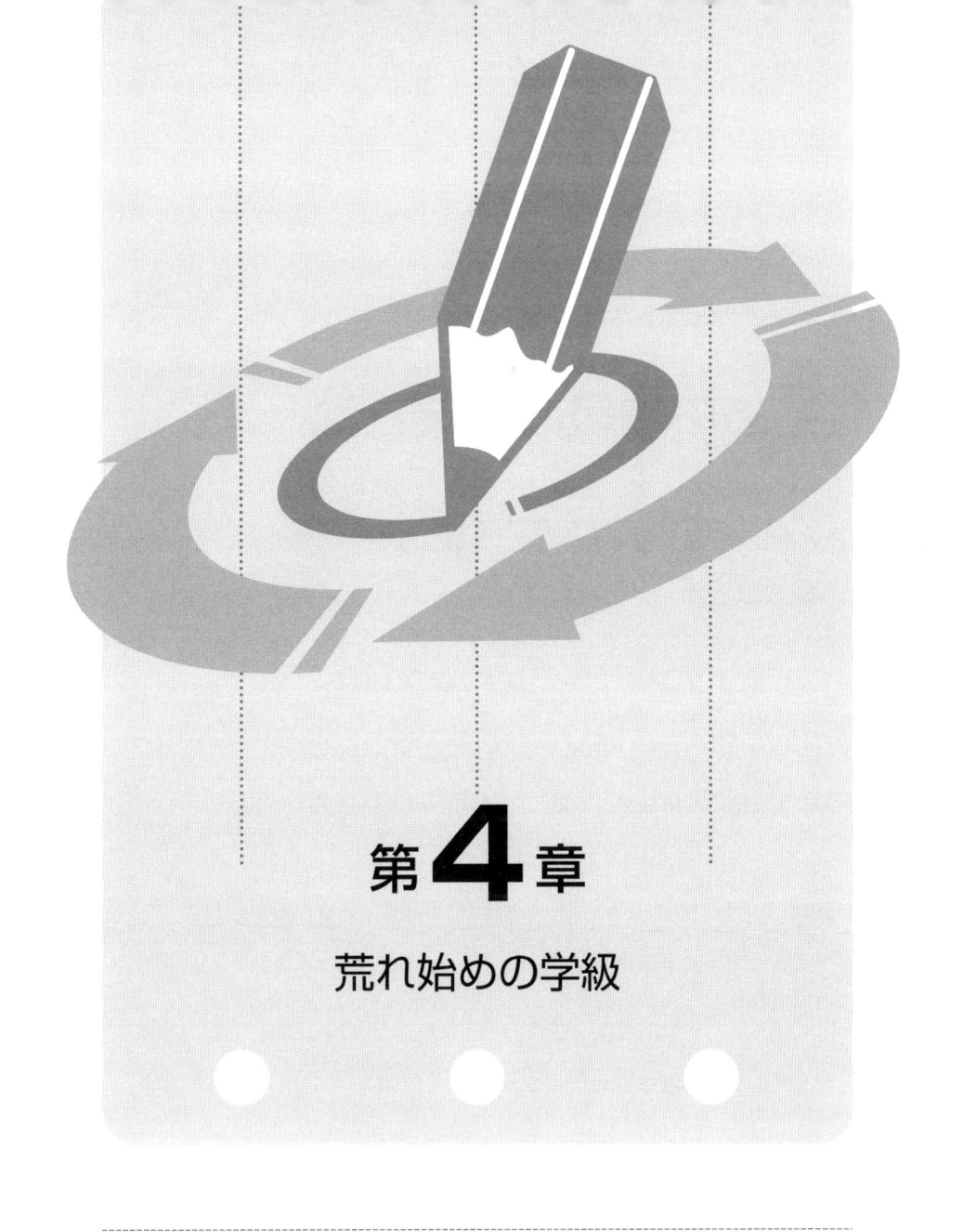

第1節　荒れ始めの学級の授業とは
第2節　漢字「博士の漢字クイズ」1〜3年
第3節　漢字「画数漢字探しの旅」4〜6年
第4節　計算「計算の花を咲かせよう」2年
第5節　計算「商でビンゴ！」4〜6年
第6節　音読「サイコロでお楽しみ音読」1〜3年
第7節　音読「記録に挑戦！　早口音読ゲーム」4〜6年

第1節
荒れ始めの学級の授業とは

授業における「荒れ始めの学級」の特性

学級集団のおもな特性は，次の3点である。

---

①私語，勝手な行動，妨害行動が生起し，授業の進行を妨げる
　雑音が多く，学習に集中できない
　級友の思い・目が気になって，学習活動に素直に向かえない

②授業の展開と生徒指導が重なり，一貫した学習活動が成立しない
　授業展開のルールが意識的に無視されており，あたりまえのことをあたりまえに行うことがむずかしい
　「教師が発問して子どもが答える」という形の一斉指導は成立がむずかしい

③学習内容が定着せず，次の単元に進めない
　積み上げる形の教科の遅れが大きくなる

教師はこのマイナス面を補うために，次のような対策を立て，状態の改善を図ることが求められる。

▼

●学習内容を保障する
・学習プリントを用意して，個別学習の比重を高める
・子どもの学力，意欲の差に応じた数種類の学習プリントを用意する
・取り組んだ内容，積み重ねが一目でわかるような評価カードを用いる
・丸つけなどをプラスの言葉がけとともに，個別に行う

●騒がしくなっている教室でも指示が通るような工夫をする
・言葉による説明（聴覚），カードによる提示・プリントの活用（視覚）などの複数の指示方法を同時に活用，単純で簡単な方法での学習活動の展開

荒れ始めの学級で，意識的に活用したい授業スキル

❶ 構成スキル
学級集団の状態を受けて授業を展開する場を適切に構成する，授業場面の大枠を設定する

●授業進行のデザイン	教師主導の部分を多くし，ねらいをしぼった展開をする 学習活動の説明→個人作業→提出・個別評価の流れを繰り返し，学習活動に子どもたちが取り組む習慣を定着させる
●時間・インターバルの設定	1つの学習活動は短く設定し，1つの課題を子どもたちがやりきったことを確認して次に進む
●授業場面のデザイン	個別学習の比重を多くし，子ども同士がかかわり合うことで生じるマイナス面を，当座避けるようにする

❷ 展開スキル－能動
教師の側からなされる授業を展開させるリーダーシップの発揮的な対応

●指示	やる内容・やり方，流れ，を事前に模造紙に書いておき，すばやく黒板にはって簡潔に行う，紙はその時間はっておき，活動の目安とさせる
●提示	学習プリントは細かいステップで構成されているものを用意し，流れに沿って個別に深めていけるものを用意する

❸ 展開スキル－対応
子どもたちの行動や態度に対するカウンセリングの知見と技術が活きる対応

●注意	私語や勝手な行動にはルールを質問し，ルールに沿って活動することを事務的に促す 勝手な暴言や教師への挑発的な言動は，「いまは授業を進めたいから，あとで時間をとって必ず聞くよ」とまきこまれないようにする

［河村茂雄］

学級状態別で比較する「授業づくりのポイント」

かたさのある学級での授業づくり

基本	子どもたちの自由度を高めるように	
●授業の枠		●教師のしきり
・緊張を緩和する ・ペア・小グループ活動を入れる ・多面的な評価		・ユーモアや楽しさ ・教師が少しひく ・子どもから引き出す ・体を動かす

ゆるみのある学級での授業づくり

基本	『ルールがあるから楽しい』を定着させるように	
●授業の枠		●教師のしきり
・型を決める（マニュアル化） ・単純な活動にする ・時間枠を設定 ・繰り返す ・一斉指導と1〜2人の活動を組み合わせる		・メリハリのあるしきり ・モデルを示す ・掲示物でひと目でわかるように ・説明を短く ・最初のスタートを守らせる

荒れ始めの学級での授業づくり　[本章]

基本	教師の指示(着席する・聞くなど)に従うことの正当性を形成するように	
●授業の枠		●教師のしきり
・個人で ・単純な作業 ・短時間で ・ワークシート1枚あたりの文字数や問題数を少なくして，枚数をこなす		・深追いしない ・引き込まれない

まとまりのある学級での授業づくり

基本	創造性（推理・想像の力）を育てるように	
●授業の枠		●教師のしきり
・枠を少なく，ゆるくする ・大きなグループまで可能 ・個の力が発揮できるしかけ		・ルールと評価を子どもたち自身でつくる

［上條晴夫］

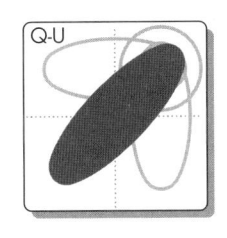

第4章 荒れ始めの学級

Q-U 荒れ始めの学級の漢字練習
博士の漢字クイズ

漢字 / 計算 / 音読

〈1～3年・画と書きじゅん〉

こんな学級で
教師の指示に一部の子どもが聞こえる声で反発し，他児の足を引っ張る。その影響を受け一斉学習はもちろん，2人組の活動もむずかしい。

ねらい
学習意欲のある子の学習権を保障する。反発している子に楽しさや達成感，規律ある生活の気持ちよさを体験させ，行動修正のきっかけを作る。

授業スキル活用の公式

クイズ感覚の学習の繰り返しで学習習慣を再形成する

第2節　1〜3年　漢字「博士の漢字クイズ」

→ 進め方

一部の子どもの教師への反発に巻き込まれ，授業がうまく進められない。家庭学習をしてきた子どもには活躍のチャンスを，怠けた子どももそれなりに参加できるように，クイズ的な要素を加味した内容で，全員参加をめざす。

提示 3分	■1 ワークシートを配り，やり方を説明する。 「昨日までに習った漢字を使った漢字クイズです。□には漢字を，□には数字を入れて，たし算を完成させます。画数を早く正確に数えましょう」。 ・制限時間の5分以内に，ワークシートの表の漢字画数たし算を最後まで解く。 ・早く終わった人は，ワークシートの裏の「おまけ」に進む。 ・表が終わらなかったら放課後に残って終わらせる。 ・おまけは習っていない漢字でもよい。ただし教科書やノートを見てはいけない。 ・先生の「やめ」の合図まで，話したり，立ったりしない。
活動 5分	■2 席を隣や前と少し離しテスト用の配置にする。 ・次頁の図のように配置し，子ども同士の関係を絶つ。 ■3 教師の合図で，一人一人が個別に5分間，問題を解く。 ・「用意はいいですか？　10，9，8，7，6，5，4，3，2，1，スタート！」 「10，9，8，7，6，5，4，3，2，1，やめ！　終了です。鉛筆を置き，両手を膝の上に」と時間やルールを意識させる。
評価 1分	■4 教師の評価 ・ルールを守っていた子ども，おまけまで進んだ子どもをほめる。 ■5 子ども一人一人が，ワークシートの振り返り欄に記入する。 ■6 ワークシートをグループの「集め係」が集め，教師が丸つけをする。 ・教師が採点のときに一人一人にコメントを書いて，関係づくりをする。

! 繰り返し方

STEP1	2年生の1学期に学習する内容なので，実施時期に合わせて導入でどこまで説明するか調整する。どの子も表は終わるよう内容を調整する。（本時）
STEP2	子どもに問題を考えさせ，「出題者〜さん」とワークシートに明記し挑戦させる。
STEP3	通常の漢字学習に切り換え，1週間に一度，朝自習などにその成果を試す。

> **コツ**
>
> 個別に短時間で，1回やれば説明なしでも取り組める単純な内容を工夫し，どの子も達成感を得るようにする。1回目は全員が取り組まなくても，まずはがんばろうとしている子の学習の場を保障する。全員が自主的に練習をするきっかけにする。

提示のコツ

1 ▷ 教師に反発して文句や不満を言う子どもも予想される。根底に教師にコントロールされることへの抵抗や評価してもらえない不満がある。これらの反発には反応せず，説明をテンポよく進める。準備の遅い子にはそばに行きカウントダウンをして時間を区切る。1回目はワークシートの拡大版，ルールのフリップカードを黒板にはり，説明は簡潔に。終わらない場合のことを予告し，表は必ずやることを宣言する。[対・注] [能・促] [能・提]

活動のコツ

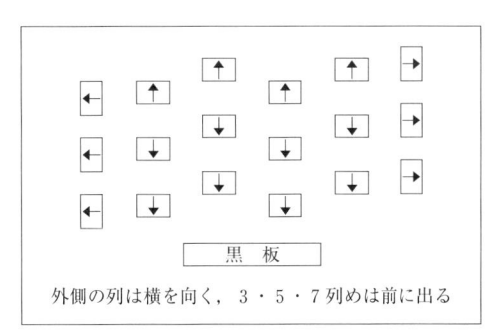

2 ▷ 子どものやる気や教師への抵抗の差により，取り組み方に差がでる。がんばろうとしている子がじゃまをされないよう，テストバージョンなど机の配置を考える。[構・場]

3 ▷ 騒いでいる子は，教師を巻き込むことが目的の場合が多い。安易に介入せず，放課後，個別に対応。学力面で困っている子は，机間指導で，2分後以降にヒントカード（画数つきの漢字一覧表）を渡す。[対・注] [能・促]

机の配置「テストバージョン」
外側の列は横を向く，3・5・7列めは前に出る

評価のコツ

4 ▷ ルールが守れたことを評価し，全員に達成感を味わわせる。次に，「おまけ問題」までクリアできた子どもを賞賛し，次回の意欲づけをする。自己評価欄はできるだけユーモアのある表現を工夫し，抵抗を少なくする。[対・賞] [対・雰]

5 ▷ ワークシートは係に集めさせ，全員が動く状態を避ける。教師が採点し，肯定的なコメントを書き，1人分ずつファイルする。教室に班ごとの置き場所を作っておくと便利。2回目からは係が開始時に持って行き，班のメンバーに「はい，〜さん，どうぞ」と配り，「ありがとう」と言って受け取らせることで，対人関係の基本的なマナーを定着させる。集めるときは，その上に当日やったワークシートをのせて集める。厚さが増すことで達成感が感じられ，教師との信頼関係も築ける。[対・賞] [対・雰]

※マークの解説　例えば[構・リ]は「構成スキル」の「リーダーシップ」をあらわす。詳しくは16頁へ。

_____ がつ _____ にち

はかせのかん字クイズ

くみ　ばん　なまえ

さあ，クイズをはじめるよ！ 5ふんかんでどこまでいけるかな？
レベル2まではぜんいんがやる。できなかったらあとでやってもらうよ！
早くおわったら，うらのレベル3にちょうせんするのだ。ただし，むずかしいぞ！
先生が「やめ」というまで，おしゃべりやたちあるきはふういんじゃ。よいか!!

レベル1　ふたつのかん字のかくすうをたすといくつ？

① 山 + 川 = ☐
② 中 + 点 = ☐
③ 線 + 口 = ☐

レベル2　たすと☐のかずになるかん字は？

④ 川 + ☐ = 7
⑤ 花 + ☐ = 15

→うらのレベル3にすすめ！

	おまけ
てん	てん

はかせにいってほしいおことば

( ) さすが，みごとじゃ！
( ) くろうしたが，よくがんばったな！
( ) やればできる！つぎこそがんばるのじゃ

先生からのおことば

( ) おしかった。ファイト
( ) さらにレベルアップを！
( ) あなたは，てんさいです
( )

↑自由に書く場合，ここに丸をつける

レベル3　おまけのもんだい（ウラ面）

たすと☐のかずになるかん字を☐にかこう！
ただし，おもてとおなじかん字のくみあわせはだめじゃよ!!
もちろん，ならっていないかん字でもオッケーじゃ!!!

⑥ ☐ + ☐ = 8

⑦ ☐ + ☐ = 9

はかせのひとりごと

ここまでとけたら，なかなかじゃ

⑧ ☐ + ☐ = 13

⑨ ☐ + ☐ = 15

なに，ここまでクリアしたのか

⑩ ☐ + ☐ = 20

いや，まいった!!てんさいじゃ

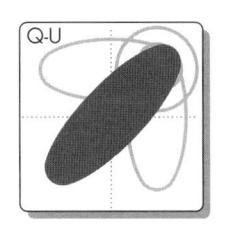

第4章　荒れ始めの学級

荒れ始めの学級の漢字練習
画数漢字探しの旅

〈4～6年〉

こんな学級で
授業中に勝手なことをやっている子が増えてきた。散漫な指示では，あっという間に集中がくずれ騒がしくなっていく。

ねらい
教師の指示に従い，短い区切りで真剣に活動する経験を重ねさせることで，教師の指導性を回復し，学習時の規律を立て直す。

漢字
計算
音読

授業スキル活用の公式

能力に応じた取り組みで，学習意欲を喚起する

第3節　4〜6年 漢字「画数漢字探しの旅」

→ 進め方

勝手に振るまう子どもが多くて授業が進まず，ドリル学習にも興味を示さないしらけた実態がある。そこで教師の指示する枠の中で真剣に取り組むことを定着させるために，教師の指示で時間を区切って，個別作業によるゲーム感覚の活動を繰り返す。

提示 2分

1 ワークシートを配り，学習の進め方を確認する。

「『中』（板書して）という漢字の画数は？（子ども「4！」）そうですね。今日は同じ画数の漢字を教科書の中から見つけます。名づけて『画数漢字探しの旅』です」。

- 先生が言う画数の漢字を，ワークシートのマスにできるだけたくさん書く。
- 漢字は教科書の中から見つける。
- いちばんたくさん見つけた人がチャンピオン。チャンピオンは自分の書いた漢字を黒板に書く。これを2回戦行う。

〈ルール〉・教科書の決められた範囲から探す。
　　　　　・同じ漢字はカウントしない。
　　　　　・時間制限は3分。

活動 8分

2 「画数漢字探しの旅」の1回戦をする。

- 「1回戦の画数は，『5』です」と教師が言って，3分間行う。
- 何個書けたかを挙手させてチャンピオンを決め，みんなで拍手をする。
- チャンピオンが黒板に自分が書いた漢字を書き，正しく書けているか確認する。

3 「画数漢字探しの旅」の2回戦をする。

- 「2回戦の画数は，『8』です」と言って，1回戦と同様に2回戦を行う。

評価 2分

4 教師からの評価

- ルールを理解し，意欲的にがんばった子どもをほめる。

5 ワークシートの振り返り欄に記入する。

! 繰り返し方

STEP1 個人で漢字探しを行う。時間内に見つけた漢字の数や速さを競う。（本時）
STEP2 ペアでジャンケンをして探す画数を出し合い，2人で競争する。
STEP3 ペアやグループ，学級で，1画からスタートして，2画，3画……と10画までの漢字を探していく競争をする。

> **コツ**
>
> 「いつものつまらないプリント学習」「どうせわからない」と思っている子どももいる。それぞれのレベルで挑戦できるゲーム性の高い活動を用意して，いつものドリル学習と違う楽しさを予感させることで興味を引いていく。

提示のコツ

1 ⇨ ワークシートを配り，「今日は『画数漢字探しの旅』をします」「名前を書いてください。次は，第１回戦のところを見てください。そして画数のところに４と書く……」と話していく。このように，ワークシートを先に配り，意外性のあるネーミングで興味を引きつつ，名前を書く，画数を書き入れるという一斉の作業に引き込む。[能・促]

1 ⇨ 事前に「やる内容・やり方，流れ」を模造紙に書いておき，それを読み上げ，何をどのようにやるか，どのようなことが起きるかを短い時間で説明する。同様にルールを読み上げ，必ず守ることを約束させる。ルールを守ることが楽しさを生み出すことになると話し，活動への期待感をもたせる。[能・提] [構・リ] [対・注]

活動のコツ

2 3 ⇨ チャンピオンの決め方と答え合わせの仕方をハッキリさせる。書いた数のいちばん多い子どもに見つけた漢字を板書させ，その正しさをみんなで確認する。具体的には，次のような教師の指示で行っていく。[能・指]

1　「では，１回戦のチャンピオンを決めます。書いた数を聞いていきます。１個の人，２個の人……。いちばんたくさん見つけた人は，○個の△△君です」。

2　「△△君に黒板に漢字を書いてもらいます。みんなは，正しいか確認しながら自分が書いていた漢字があれば○をつけてください」。

3　「△△君の書いた漢字が全部合っていました。チャンピオンは△△君です。みんなで大きな拍手をしましょう。おめでとう」。

（時間に余裕があれば△△君が書いた以外の漢字をほかの子どもたちに書かせる）

評価のコツ

4 ⇨ 漢字の数や速さばかりに目が向かないように，正しい書き順にも注意していた子どもを賞賛する。画数を間違えた子どもの例も取り上げ，全員で正しい画数を確認する。「○という字を△画と思って書いちゃった人いませんか？」「一緒に空で書いて確認するよ……」。[構・評] [対・賞]

※マークの解説　例えば [構・リ] は「構成スキル」の「リーダーシップ」をあらわす。詳しくは16頁へ。

_____月_____日

画数漢字さがしの旅

組　番　名前

やり方
・出題された画数の漢字を，マスにできるだけたくさん書きましょう。
・漢字は教科書の中から見つけてきます。
・いちばんたくさん見つけた人がチャンピオンです。

― 3つのルール ―
1　決められたはん囲からさがす。
2　同じ漢字はカウントしない。
3　時間制限は3分。

1回戦……画数　☐

2回戦……画数　☐

ふり返り　〜◎・○・△を書こう〜
1　今日の漢字さがしは楽しかった？　（　　）
2　今日は集中してできた？　（　　）

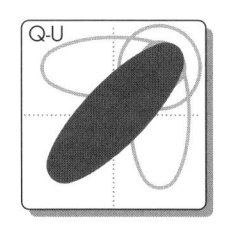

荒れ始めの学級の計算練習
計算の花を咲かせよう

〈2年・くり上がりのある足し算〉

こんな学級で
問題が並んでいるだけのプリントでは，取り組まない子どもや，いいかげんにごまかす子どもが出てきている。

ねらい
自分で式を作り，正解すればイラストに色をぬることで，自分で目標をもって練習に取り組むことができるようになる。

1. 自分が作った問題を自分で解く

2. 先生に丸をつけてもらい，合っていたらプリントの花に色をぬる

授業スキル活用の公式

自分の目標・成果を具体化することで，学習意欲を高める

第4節　2年 計算「計算の花を咲かせよう」

進め方

集団で学習するルールが確立されていないので，学習の仕方を身につけるために，個別で問題を作って，解き，教師に丸つけをしてもらう活動を繰り返す。意欲をもたせるため，正解していれば花に色をぬる活動を取り入れる。

提示 3分

1 ワークシートを配って説明をする。

「このワークシートには問題が書かれていません。四角の中に自分で数字を入れて問題を作って解きます。正解したら花に色をぬって，桜を満開にしましょう」。

- 十の位（□）は1〜4，一の位（□）は5〜9の数字を使い，6問の問題を作る。
- 1回戦の問題を1問解いたら，先生に丸つけをしてもらう。
- 正解した人は，2回戦の2問を解いて先生に見てもらう。間違えた人は正解するまで解き直す。3回戦まで繰り返す。
- 1回戦ごとに正解した問題の数だけワークシートの花に色鉛筆で色をぬる。
- 6問すべて終わった人は，裏に問題を作ってやってみる。

2 全員で例題を解く。

- 「15たす28は？」（子ども「43です」），「そうですね。くり上がりのある足し算ですね」と確認し，合っていたら花に色をぬらせる。

活動 10分

3 一人一人で問題を作る。

4 一人で問題を解いて，教師に丸をつけてもらう。

- 問題を解いて，教師に丸をつけてもらう。
- 合っていたら，その番号の花に色をぬる。

評価 2分

5 教師の評価と振り返り

- 真剣に取り組んでいた子，全部合っていた子をほめる。
- ワークシートの振り返り欄に記入する。

繰り返し方

STEP1	時間内に解く問題の量を増やす。（本時）
STEP2	くり下がりのある引き算もやってみる。
STEP3	隣の席の子とワークシートを交換し，相手の作った問題を解いてみる。

> **コツ**
> 意欲が低下した子どもが多いため，教師や友達からの評価により成就感を支えることと具体的な指示により見通しをもたせることで，すべての学力の子が意欲をもって取り組める配慮をする。特に，いいかげんに取り組ませないための注意を先にしておく。

提示のコツ

1 ⇒ 「これは，自分へのチャレンジです。できる人はむずかしい問題や自分の苦手な問題を作って練習をしてください」「むずかしい問題でなくても，ミスなしで全問正解をめざすチャレンジもありますね」など，教師の意図する活動の見通しをもたせる指示をして，意欲づけをする。 構・リ 能・発

2 ⇒ ルールの定着を図るために，「解き終えたら，鉛筆を置いて先生に知らせましょう」と伝え，「全員鉛筆を置いたので答えを聞きます。15たす28は？」と，ルールが守られていたかを確認する。 能・促

活動のコツ

3 ⇒ 問題を作るときに使える数を黒板に掲示し，違っている子どもには助言する。 能・提

3 ⇒ 計算が苦手な子どもには，問題作りから一緒に考え，正解になるように支援する。そして，「色がぬれたね。きれいだね。もっと咲かそうね」などの声かけをし，学習への意欲を高める。とくに計算が苦手な子には，〔2桁〕＋〔1桁〕の式でもいいことを伝え，全員が活動できるようにする。 対・賞 構・評

4 ⇒ ルールを守れない子が多いので，子どもたちを席に着かせたまま教師が素早く見て回り，スピーディに丸つけを行う。 構・場

4 ⇒ ルールの定着や学習に取り組めないなど，個別配慮が必要になる児童が多い場合は，短時間でも丸つけ担当や個別学習支援を分担できるTTでの対応を考えて，集中して学習する機会を経験させていくことを優先させる。 構・場 構・リ

評価のコツ

5 ⇒ 全部の花をぬることができなかった子どもは次回へのやる気がなくなる恐れがあるため，それまでの過程を評価する。 構・評

※マークの解説　例えば 構・リ は「構成スキル」の「リーダーシップ」をあらわす。詳しくは16頁へ。

_____ がつ _____ にち

📖 けいさんの花をさかせよう

くみ　ばん　なまえ

れいだい

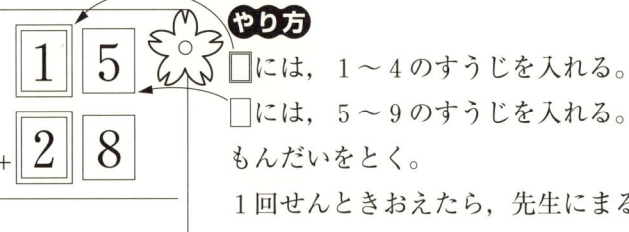

```
  1 5  ❀
+ 2 8
─────
```

やり方
- □には，1〜4のすうじを入れる。
- □には，5〜9のすうじを入れる。
- もんだいをとく。
- 1回せんときおえたら，先生にまるをつけてもらう。
- 正かいしたら，花に色をぬる。

1回せん　①

⇒　とけたら先生に見てもらう
・合っていたら 2回せんへ
・まちがったら もういちど

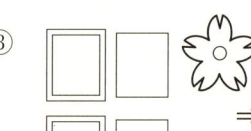

2回せん　②　⇒　③

とけたら先生に見てもらう
・合っていたら 3回せんへ
・まちがったら もういちど

3回せん　（もうすぐまんかい）　④　⇒　⑤　⇒　⑥

ふりかえり

● きょうはぜんぶの花をさかせることができましたか？
　　　できた 😊　　できなかった 😢

● このつぎのもくひょうは？

ぜんぶおわった人は，うらにもんだいを作ってやってみよう！

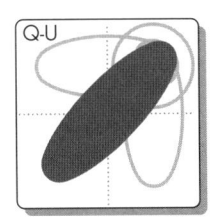

第4章　荒れ始めの学級

荒れ始めの学級の計算練習
商でビンゴ！

〈4〜6年・わり算〉

こんな学級で
授業中でもザワついていることが多く，一部の「やりたくない」という不満の声に全体が引っぱられてしまう。

ねらい
楽しい雰囲気づくりをして不満の声に対応。個別に繰り返し学習に向かわせる。

授業スキル活用の公式

個に合わせた取り組みで達成感を体験させる

第5節　4〜6年 計算「商でビンゴ！」

進め方

子どもたちの学習意欲に差が生じ，グループの活動ではマイナスに流れやすい状態になっている。そこで，1人でわり算を練習し，正解すること，ビンゴを達成することを通して，計算練習をすることで得られる満足感を実感させる。

提示 3分

1 ワークシートを配り，やり方を説明する。

「3けた÷1けたのわり算を計算して，その商でビンゴゲームをします。たくさんのビンゴをつくりましょう」。

- ビンゴのマスに1〜9までの数字を自由に書き入れる。
- 教師がブラックボックスから紙を引いてわる数（1けた）を決める。
- わり算をといた商と同じ数字に丸をつけ，3つ並べばビンゴ。
- あまりの出るわり算も，商だけをビンゴにする。
- 計算がまちがっていたら，ビンゴの丸にはできない。

活動 5分

2 計算の準備をする。

- ブラックボックスから紙を3枚取り出し，わる数を決める。
- ワークシートの四角に3つの数字をわる数として記入させる。

3 一人一人が商の数字を使ったビンゴゲームを始める。

- 教師は個別に支援する。
- 商の数字が重なって3問でビンゴにならなかった子どもには，商の見当づけをさせながら自分で問題作りをして4問目を計算させる。
- 教師が正解を発表し答え合わせをする（正解したらビンゴが確定する）。

評価 1分

4 教師による評価

- 教師が前向きな活動の姿や考え方を認める。

5 ワークシートの振り返り欄に記入させる。

繰り返し方

STEP1 問題を3問＋1問程度にして，確実に課題を一人一人がやりきる。（本時）
STEP2 問題の数を増やしてビンゴになる数を増やしていく。
STEP3 自分で問題をつくったり，あまりの数によるビンゴゲームをしたりして工夫しながらわり算の練習をする。

第4章 荒れ始めの学級

> **>> コツ**
> 学級全体で1つの課題に取り組むことがむずかしい。子どもたちの好きなゲームを取り入れ、遊び感覚で一人一人がわり算の計算を繰り返しできるようにするため、個別に支援をしたりワークシートでがんばりを認めたりする。

提示のコツ

1 ■▷ 全体的に学習に取り組む意欲が低下している。そこで、拡大したワークシートを使い、「商は19なので、1と9を○で囲みます」と実際にビンゴの枠に数字を入れながら説明し、ゲームの楽しい雰囲気をだすようにする。[能・提] [対・雰]

活動のコツ

2 ■▷ 授業についていけない、面白くないと感じている子が増えてきている。そこで、できるだけ全員がビンゴを達成し満足感を得るように、教師は机間指導をする。ビンゴにならない子どもは、3問を解き終えてからチャレンジ問題を自分で作らせる。このとき商を見通してビンゴになるようなわり算の計算問題をつくるように支援する。また、工夫して取り組めた子どものアイデアを認め、学級に紹介していくことで、個々の児童が認められる場を与える。[対・賞] [能・促] [対・言]

3 ■▷ クラスの実態や個々の実態に応じて次のような具体的なサポートをする。[能・促]
- 早く終わる子どもには問題数を増やしてやる。（ビンゴが増える）
- ビンゴを達成したら隣の子どものサポートに入るというようなルールをつくって助け合い学習にする。（隣り同士の組み合わせを配慮する）
- 時間がきたら「ヒント」として十の位を教えてしまう。
- 子どもによってはやさしいチャレンジ問題を教師がプレゼントする。

評価のコツ

4 ■▷ 全員がビンゴになったことをほめ合ったり、惜しくもビンゴにはならなかったけれどもその子どものがんばりを取り上げて賞賛することで、「全員できたからうれしい」「ぼくもできたから安心」という気持ちを全体化する。[対・賞]

4 ■▷ 学級の崩れが大きい場合は、みんなができていると、「だれでも達成できるんだ。面白くない」「自分だけできない」と意欲を低下させる心配がある。そこで、ビンゴができた・できないということを全体で聞かない配慮が必要な場合がある。その分をワークシートの「先生より一言」で一人一人をしっかり認め、満足感を高める。[対・賞]

※マークの解説　例えば[構・リ]は「構成スキル」の「リーダーシップ」をあらわす。詳しくは16頁へ。

___月___日

組　番　名前

商でビンゴ！

1　1～9の数字を好きなマスに入れましょう。

ビンゴカード		

「商でビンゴ」のルール

・わる数は先生がくじで決めます。
・スタートの合図でわり算をときます。時間は4分です。商の数字と同じビンゴの数字に丸をつけましょう。
・ふ正かいだった問題の商は，ビンゴの丸にはできないよ。

2　今日のチャレンジする数字（わる数）は，① ☐　② ☐　③ ☐　です。

3　さぁ，計算スタート！　いくつビンゴができるかな。

① ☐) 3 6 9

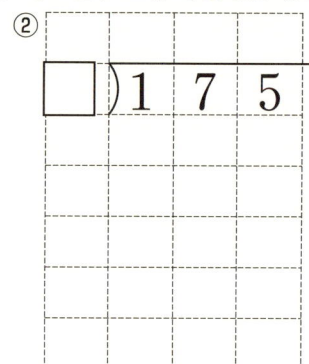

② ☐) 1 7 5

③ ☐) 5 1 7

ふり返り

1　ビンゴは，できましたか。

　！(^ ^)！（　　）こ，(-__-;)0こ

2　ビンゴは，楽しかったですか。　◎，○，△

3　やってみて思ったこと

4　先生より一言

★チャレンジ★
自分で作って答えよう。

☐)

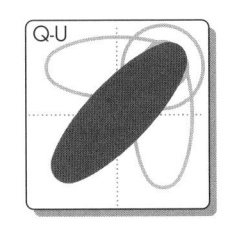

第4章 荒れ始めの学級

荒れ始めの学級の音読練習
サイコロでお楽しみ音読

〈1〜3年〉

こんな学級で
反抗したり，友達をからかったりする子が目立ち授業に支障が出る。騒然とした雰囲気に不調を訴える子が出始めている。

ねらい
導入で全員が楽しく課題に取り組む体験を積み重ね，学習のルールを定着させ，授業のリズムと学級の秩序を取り戻す。

サイコロは100円ショップで入手できる

授業スキル活用の公式

ゲーム感覚の音読で授業のウォームアップをする

第6節　1～3年 音読「サイコロでお楽しみ音読」

➡ 進め方

授業開始の合図をしても，あちこちでトラブルが発生し，教師が対応に追われる。授業のリズムをつくり，学習する雰囲気をつくるために，ゲーム性があり，個別に取り組める短時間の活動を繰り返し行う。

提示
3分

❶ワークシートを配り，やり方の説明をする（拡大したワークシートを提示）。

「サイコロで今日のめあてを決めて昔話を読む，『お楽しみ音読』をします」。

・サイコロを振って，出た目で読み方を決める（ワークシートで確認）。

　　1　4　怖そうに　　2　5　悲しそうに　　3　6　面白そうに

・3分間，一人一人が個別に，小さな声で何度も繰り返し読む。

❷教師がサイコロを振って，「きょうのおたのしみ」を決める。

・「何が出るかな？　何が出るかな？　エイッ！」と期待感を高め，サイコロを振る。

・出た目のめあてを確認し，ワークシートに丸をつけさせる。

活動
3分

❸めあてを意識しながら，教師の合図で個別に音読をする。

「時間は3分です。先生が『やめ！』と言うまで何回も繰り返してください。用意はいいですか？　では，5，4，3，2，1，スタート！」。

・机間指導しながら，めあてを達成できている子に声をかける。

評価
2分

❹教師からの評価

・机間指導で見つけた子どもたちのよい変化を名指しで紹介する。

❺子ども一人一人がワークシートの振り返り欄に自己評価を記入する。

❻ワークシートをグループの「集め係」が回収し，提出させる。

⚠ 繰り返し方

STEP1 国語の授業の始めに，『きょうのおたのしみ』をサイコロで決め，めあてを意識しながら，全員で一斉に微音読をし，自己評価する。（本時）

STEP2 2人組でめあてを選んで読み，相互評価する。また，違う文に挑戦させる。

STEP3 教科書の文を使い，国語科のめあても加えて，「お楽しみ音読」をする。

> ## コツ
> 学級には学習に集中して取り組もうとする動きに水を差すような一部の子どもの反応があり，授業のリズムをつくりにくい。国語の本質からは少し離れるが，自由度のある音読で楽しさを演出し，学習に導入する。個別の活動で，一人一人が参加できる場を確保し，教師のコメントを通して参加した事実や成果を評価する。

[提示のコツ]

1 ➡ 目を輝かせつつも友達の反応を気にする子，「やりたくねえ」などとあからさまに反発する子がいると予想される。教師の対応への不満や，友達との関係への不安があるからである。1回目はノリが悪いことを覚悟し，足を引っ張る反応は気にしない。サイコロを振る前に，活動をイメージさせるために，教師が「きょうのおたのしみ」の読み方を1つずつやって見せ，抵抗をやわらげる。[対・注] [対・雰]

2 ➡ 文章には総ルビを振り，読みに困難を示す子に配慮する。[能・促]

[活動のコツ]

3 ➡ 教師との関係の悪化や怠惰な学習態度の習慣化により，活動に取り組めない子が，熱心にやろうとしている子を巻き込もうとする可能性がある。実態によっては一人一人の位置を離して適度な距離を確保したり，机間指導をしながらさりげなく間に立ったりして，阻止をする。また，抵抗を示していた子のよいところを探し，コメントに生かす。座席表などを活用して，成果を記録しておく。[対・注] [対・賞]

[評価のコツ]

4 ➡ 教師に直接評価されることが意欲を刺激するので，変化を見逃さないように気をつける。とくに活動に抵抗を示していた子については注意を向けて，積極的にコメントする。「みんな怖そうに読んでいたね。お見事！　Aさんなんかすごく上手でした。小さい子なんて泣いちゃうかもしれないよ」。[対・賞]

6 ➡ 自己評価したワークシートをグループの「集め係」に集めさせ，全体が動かないようにする。[構・場] 係は「お疲れさま」，メンバーは「ありがとう」と声をかけさせ，あいさつの気持ちよさを体験させる。ワークシートには，できたら教師のサインだけでなく簡単なコメントを毎回余白に書き，教師がファイルにとじる。2回目からは授業の始めに前日までのワークシートを係が配り，お礼を言って受け取らせる。回収するときは当日のワークシートをその上に載せて回収する。[対・賞] [対・雰]

※マークの解説　例えば[構・リ]は「構成スキル」の「リーダーシップ」をあらわす。詳しくは16頁へ。

_____ がつ _____ にち

おたのしみおんどく

くみ　ばん　なまえ

やりかた
① 先生(せんせい)がサイコロをふって出(で)た「きょうのおたのしみ」にまるをつける。
② 先生のあいずで、「3 ぷんかん」おたのしみおんどくをする。
③ 先生が「やめ」というまで、なんかいもよむ。
④ おわったら、きょうのおんどくのレベルをチェックする。

きょうの おたのしみ	1	2	3	4	5	6
	こわそうに	かなしそうに	おもしろそうに	こわそうに	かなしそうに	おもしろそうに

きょうのおだい　ももたろう

　むかしむかしあるところに、おじいさんとおばあさんが、ふたりでくらしていました。
　ある日(ひ)、おじいさんは、山(やま)へしばかりに、おばあさんは、川(かわ)へせんたくにいきました。すると、川かみのほうから大(おお)きなももが、どんぶらこっこ、どんぶらこっことながれてきました。それをみたおばあさんは、大よろこび、おじいさんとふたりでたべようと、いえにもってかえりました。
　ももをみたおじいさんも大よろこびをしました。
　ふたりでわってたべようと、ほうちょうできろうとしたとたん、ももがぱっくりとわれて、中(なか)からとてもげんきな男(おとこ)の子(こ)が、「オギャー、オギャー」とないて出てきました。おじいさんとおばあさんは、びっくりしてこしをぬかしました。
　子どもがいないふたりは、「ももたろう」となまえをつけ、たいせつにそだてることにしましたとさ。

きょうのレベルチェック　まるをつけよう

レベル	ばっちり 名人(めいじん)なみでした	まあまあ だったかな	ごめんなさい あしたこそ
はんてい			

先生のサイン

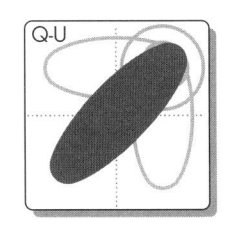

第4章　荒れ始めの学級

荒れ始めの学級の音読練習

記録に挑戦！早口音読ゲーム

〈4～6年〉

こんな学級で
むだ話を始めたり，ちゃかすなどして，集中して学習に取り組むことがむずかしい学級。まじめに取り組む雰囲気が少ない。

ねらい
集中して取り組み，自分なりの努力をする喜びを感じる。音読が苦手な子もスラスラ読むことができるようになってくる。

授業スキル活用の公式

目標を明確にして活動に集中させる

第7節　4〜6年　音読「記録に挑戦！　早口音読ゲーム」

→ 進め方

「自分の音読タイムを縮める」という目標がハッキリしている活動なので、どの子どもも集中して活動に取り組むことができる。2人組やグループでの活動を取り入れることによって、音読の力だけではなく友達との関係も明るいものになっていく。

提示 3分	**1 ワークシートを配り、ゲームの説明をする。** 「ペラペラとすごいスピードで音読をするゲームをします。どれくらい自分の記録を縮められるか挑戦しましょう。やり方は次のようにやります」。 ・教科書の中から読む場所を教師が指示する。 ・初めに一度、できるだけ早く読んでタイムを計る。 ・何度も繰り返し読んで、早く読めるようにする。 ・最後に再びタイムを計り、練習前の記録を縮める。 **2 教師や代表の子どもが早口音読ゲームをやってみる。** ・教師が、ストップウオッチで時間を計りながら、教科書教材の1ページ目を一気に早口で読み、計った時間を「○秒」「○分○秒」と子どもに教える。 ・任意の子ども2名に読む場所を指示して挑戦させる。「よーい、ドン」で教師が時間を計り、早口音読を1人ずつさせる。 ・練習前の記録を縮めることが目標であることを板書し、全体で確認する。
活動 8分	**3 全員に練習させる。** ・練習前の記録を計る。 ・個人で練習する（1分程度で区切り、数回繰り返す）。 ・2人組やグループで練習する（2分程度で区切り、数回繰り返す）。 ・練習後の記録を計る。
評価 2分	**4 教師からの評価** ・記録を縮めようとがんばっていた子どもの「よかった行動」を具体的にほめる。 **5 ワークシートの振り返り欄に記入する。**

⚠ 繰り返し方

STEP1	個人の記録を縮める。（本時）
STEP2	班対抗、列対抗早口音読ゲームをする。
STEP3	学級早口音読ゲーム大会をする。

> **コツ**
>
> 集中して学習に取り組む雰囲気は弱い。具体的な目標をもたせ，ゲーム的要素を取り入れて机間指導をしながらていねいにねばり強く指導すると，少しずつ落ち着きを取りもどす。

[提示のコツ]

2 ▶ 教師が早口で読んでみせるときのパフォーマンスが，子どもたちの興味を引きつけるポイントになる。子どもたちが驚きを感じるほどの速さで読むようにする。[能・提]

2 ▶ ルールは簡単で，音読の活動にストップウオッチを持ち込むだけだが，子どもたちは大いに盛り上がる。しかし，スピードを追求するあまり聞き取れない読み方をすることがないように，教師と任意に選んだ2人の子どもの音読が基準となるように口形や発音上の注意をしておく。事前にやってはいけないことの注意を促す。[対・注] [構・評]

[活動のコツ]

3 ▶ 集中して活動に取り組んでいる子ども，タイムが縮んでいる子どもを賞賛する。[対・賞] [対・雰]

3 ▶ 正しい口形や発音，聞き手に伝わる読み方になっているか等に気をつけながら机間指導を行う。また，2人組やグループでの練習では，お互いにアドバイスをおくり合うように声かけをする。[構・評] [能・促]

[評価のコツ]

4 ▶ よかった行動は，「口の形をはっきりと変えていたね」「息継ぎが上手だったから，つっかえなかったね」と端的にほめる。[対・賞]

5 ▶ タイムが縮んだ子どもに挙手させて，みんなでほめ合うようにする。ワークシートに書き込んだ，上手になったところや次にがんばりたいことを発表させる。タイムが縮まなかった子どもに対しても，集中して取り組んだ態度を賞賛する。[対・賞] [構・評]

■授業スキル略号一覧

〔構成スキル〕
- リーダーシップの発揮レベル→ [構・リ]
- 学習評価の目安→ [構・評]
- 授業場面デザイン→ [構・場]
- 授業進行デザイン→ [構・進]
- 時間・インターバルの設定→ [構・時]

〔展開スキル－能動〕
- 発問→ [能・発]
- 指示→ [能・指]
- 説明→ [能・説]
- 提示→ [能・提]
- 活動の促進→ [能・促]

〔展開スキル－対応〕
- 発言の取り上げ→ [対・言]
- 賞賛→ [対・賞]
- 注意→ [対・注]
- 集団の雰囲気づくり→ [対・雰]
- 自己開示→ [対・自]

_____月_____日

記録にちょう戦！早口音読ゲーム　　組　番　名前

やり方
・教科書の中から読む場所を先生が決めます。
・初めに，できるだけ早く読んで，「1回目にはかったタイム」に記録を書きます。
・1人で何度もくり返し読んで，できるだけ早く読めるようにします。
・2人でいっしょに読んで，できるだけ早く読めるようにします。
・最後に再びタイムを計り，「本日のタイム」に書きます。
・1回目の「標準のタイム」からどのくらいちぢめられるでしょうか。

～早口音読の記録をちぢめよう～

毎日がんばると
スゴイ記録がでるよ！

| 1回目にはかったタイム | 　分　　秒 | ←これがあなたの「標準のタイム」です。どのくらいちぢめることができるかな？ |

	月　日	月　日	月　日	月　日	月　日
標準のタイム	分　秒	分　秒	分　秒	分　秒	分　秒
本日のタイム	分　秒	分　秒	分　秒	分　秒	分　秒
差	秒	秒	秒	秒	秒

ちぢまった時間のマスをぬろう
↓

タイムオーバー（ざんねん）					
1～5秒					
6～10秒					
11～15秒（やるな～）					
16～20秒					
21～25秒（すごい！）					
26～30秒					
それ以上 測定不能	測定不能	測定不能	測定不能	測定不能	測定不能
感想	今日のゲームは楽しかった？ とても まあまあ あまり／次にがんばることは？	今日のゲームは楽しかった？ とても まあまあ あまり／次にがんばることは？	今日のゲームは楽しかった？ とても まあまあ あまり／次にがんばることは？	今日のゲームは楽しかった？ とても まあまあ あまり／次にがんばることは？	今日のゲームは楽しかった？ とても まあまあ あまり／次にがんばることは？

第5章

まとまりのある学級

第1節　まとまりのある学級の授業とは

第2節　漢字「ワンピースで漢字発見！」3年

第3節　漢字「新出漢字で自己紹介作文」4～6年

第4節　計算「めざせ！ 九九チャンピオン」2年

第5節　計算「問題づくり道場」6年

第6節　音読「すごろく音読」3年

第7節　音読「声をそろえてグループ音読」4～6年

第1節
まとまりのある学級の授業とは

> 授業における「まとまりのある学級」の特性

学級集団のおもな特性は，次の3点である。

---

①**ルールの定着，良好な人間関係，前向きに取り組む雰囲気が子どもたちの学習意欲を喚起する**
　確立された学習活動のルールの中で，学習活動自体に多くの時間をとることができる
　子ども同士の学び合いがあり，いい意味での切磋琢磨が生まれる
　人の目を気にせず，学習内容に素直に向き合い，自己表現することができる
　新たなものにチャレンジしようとする意欲が高まる

②**多様な学習形態にチャレンジすることが可能になる**
　応用・発展的な活動に取り組むことができる
　子どもの個に応じた展開が，より可能になる

③**学習内容が定着しやすい**

教師はこのような面をより充実させるために，次のような対応をし，状態の向上を図ることが求められる。

▼

●**学習内容を広げ，深める**
・個に応じ，より自主的に活動できる展開を工夫する
・応用・発展的な活動に取り組める場を用意する

●**かかわり合いを広げ，深める**
・いろいろな人とのグループ活動を経験させ，協同体験，考えや思いを交流させる場を設定する
・学習活動の中で，さまざまな役割（リーダー，フォロアー）を体験させる

まとまりのある学級で，意識的に活用したい授業スキル

❶ 構成スキル
学級集団の状態を受けて授業を展開する場を適切に構成する，授業場面の大枠を設定する

●授業進行のデザイン	子ども主導の部分を多くし，自主的に活動できる場をより多く設定する
●授業場面のデザイン	学習内容に有効なさまざまな学習形態（一斉・グループ・個別）を柔軟に取り入れ，子どもたちの取り組みを促進する
●リーダーシップの発揮レベル	委任的な面を多くして，子どもたちで考え，活動できるようにサポートする

❷ 展開スキル─能動
教師の側からなされる授業を展開させるリーダーシップの発揮的な対応

●発問	子どもたちの興味や関心を喚起するような，開かれた問いを多くする
●提示	教科内容の面白さを体感できるような教材・教具を用意する発展的な資料，プリントも用意して，子どもの意欲に応えられる準備をする

❸ 展開スキル─対応
子どもたちの行動や態度に対するカウンセリングの知見と技術が活きる対応

●賞賛	期待される行動が続くのを強化するというよりも，子どもなりに取り組んだプロセスを，見守っているよ，その調子でいいよ，というメッセージを与える形で行う 学級全体の取り組みに対して評価してほめるという形だけではなく，「みんなの支え合いに感心しました」と，教師の思いを述べる形で行う
●自己開示	個人としての思いや考えを，率直に語るようにする

［河村茂雄］

学級状態別で比較する「授業づくりのポイント」

かたさのある学級での授業づくり

基本	子どもたちの自由度を高めるように	
●授業の枠		●教師のしきり
・緊張を緩和する ・ペア・小グループ活動を入れる ・多面的な評価		・ユーモアや楽しさ ・教師が少しひく ・子どもから引き出す ・体を動かす

ゆるみのある学級での授業づくり

基本	『ルールがあるから楽しい』を定着させるように	
●授業の枠		●教師のしきり
・型を決める（マニュアル化） ・単純な活動にする ・時間枠を設定 ・繰り返す ・一斉指導と1～2人の活動を組み合わせる		・メリハリのあるしきり ・モデルを示す ・掲示物でひと目でわかるように ・説明を短く ・最初のスタートを守らせる

荒れ始めの学級での授業づくり

基本	教師の指示(着席する・聞くなど)に従うことの正当性を形成するように	
●授業の枠		●教師のしきり
・個人で ・単純な作業 ・短時間で ・ワークシート1枚あたりの文字数や問題数を少なくして，枚数をこなす		・深追いしない ・引き込まれない

まとまりのある学級での授業づくり　[本章]

基本	創造性（推理・想像の力）を育てるように	
●授業の枠		●教師のしきり
・枠を少なく，ゆるくする ・大きなグループまで可能<　・個の力が発揮できるしかけ		・ルールと評価を子どもたち自身でつくる

［上條晴夫］

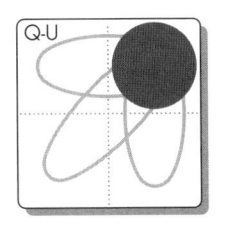

まとまりのある学級の漢字練習
ワンピースで漢字発見！

〈3年〉

こんな学級で
しっとりと落ち着いた雰囲気があり，教師の指示に意欲的に取り組める。目的意識が高く，課題を確実にやり遂げられる。

ねらい
へんやつくりなどの漢字の共通部分に着目して2人で協力して学習し，新たな視点で漢字を覚えるコツをつかむ。

漢字 / 計算 / 音読

授業スキル活用の公式

知的な刺激で，地道な活動の意欲を向上させる

第2節　3年 漢字「ワンピースで漢字発見！」

進め方

学級生活を主体的に送ろうとしていて，課題解決に対して意欲的に取り組んでいる。漢字の共通部分を意識させながら2人組で学習する場面を取り入れ，お互いに学び合わせるなかで，漢字を覚えるときの新しいカテゴリーに気づかせる。

提示 3分

1 ワークシートを配り，漢字探しのやり方を説明する。

「『木』を使ってできている漢字は何があるでしょう。（『林』『校』……）そうですね。『木』がつく漢字は多いですね。今日は同じ部分をもつ漢字を探すゲームをします」。

- 漢字の一部をワークシートに書き，隣の人に渡す（自分が正解を知っているもの）。
- その一部が使われている漢字とその読みをマスに書いていく。
- 教科書の索引のページで調べてもよい。
- 隣同士で答え合わせをして，正解の数を書き込む。間違いには正解を書く。
- 2人でそれぞれ6個ずつ合計12個を埋めたペアが勝ち。

2 例題を掲示し，当てはまる漢字を発表させる。発表した漢字は板書して筆順を確認。

活動 6分

3 隣同士で問題を出し合い，漢字探しを4分間する。

- 時間があれば漢字の使い方を書く。
- 見つけられないでいる子どもには，教科書の索引を参考にさせる。

4 隣同士で交換して答え合わせをする。

- 正解に丸をつけ，間違いには正しい解答を書く。正解の数を書き込む。

評価 2分

5 教師からの評価

- 楽しい問題や，むずかしい問題やその解答の例を紹介する。

6 ワークシートの振り返り欄に記入をする。

繰り返し方

STEP1　共通のへんやつくりをもつ漢字探しをする。（本時）
STEP2　へんやつくりの枠を超えて漢字の共通する一部分から漢字探しをする。
STEP3　共通部分を増やし漢字探しをする。「族・旅」「湯・温」（問題を作ることがむずかしくなるので，教師作成のチャレンジコースから始める）。

> **コツ**
>
> 教師の話をよく聞き，課題への意欲も十分である。そこで，教師は短く的確な説明や指示を行い，2人組での活動の時間を十分に保障する。目のつけどころのよいところや学習活動の工夫などは，必ず全体の前で紹介しクラスの財産としていく。

提示のコツ

1 ⇒ たくさんの子どもたちが発表しようとすることが予想される。時間節約のため例題は，課題の意図がよく伝わり，数が限られるものとする（きへん・ひへんなど）。漢字を発表させるときには，漢字が伝わりやすいように「学校の校」のように使われ方を発表させるようにする。漢字は必ず板書し筆順を確認していく。能・提

活動のコツ

2 ⇒ 漢字への興味・関心の差により活動にバラツキが生じる。問題が決められないでいる子どもたちには，黒板に漢字の一部分を掲示してそこから選ばせるようにする。ただし，自分が答えを見つけられるものでなければならない。能・提

3 ⇒ 見つけた漢字の読みが書かれているか机間指導中に確認する。工夫された問題や楽しい回答があればその場でほめ，評価の場面で全体に紹介するために記録する。対・賞

4 ⇒ お互いの意見が合わない場合は，教師が判定をする。丸をつけるときや正解を書くときには，ていねいにすることを確認しておく。能・促

4 ⇒ 答えとして予想していなかった漢字が出てきたときには，「えらい！」マーク（ハナマル）などをつける。また，予想していたのに出てこなかった漢字は，「こんなのもあるよ」と教え合う時間をとってもよい。対・賞 構・場

評価のコツ

5 ⇒ 友達の漢字への興味・関心の深さや，知識の広さを感じることが，漢字学習への意欲につながる。そこで，同じ問題でもだれも書かなかった漢字やユニークな問題を紹介し賞賛する。早く問題を出し合えた2人組，漢字の使い方まで書くことができた子どもたちを「集中して取り組んだ友達」として紹介する。対・賞

5 ⇒ 「今日の発見」を書く欄を設け，「ペアのなかで面白い発見があったら教えてください」などと気づきを全体の場で取り上げながら学びを共有する。仲間と一緒に学んだからこそ気づきや知識の広がりがあったことを，その価値や意味にふれて評価するようにする。構・評

※マークの解説　例えば 構・リ は「構成スキル」の「リーダーシップ」をあらわす。詳しくは16頁へ。

____月____日

ワンピースで，かん字はっ見！　　組　番　名前

やりかた

1　となりの友だちに，かん字のいちぶ（ワンピース）をもんだいとして出します。
　　ただし自分が正かいを知っているかん字を出します。
2　あなたが，友だちから出されたもんだいをときます。
3　書いたかん字の読み（音読み・くん読み）も書きます。
4　教科書を見てさがしてもかまいません。
5　時間内に2人とも6つ答えられたチームがかち。

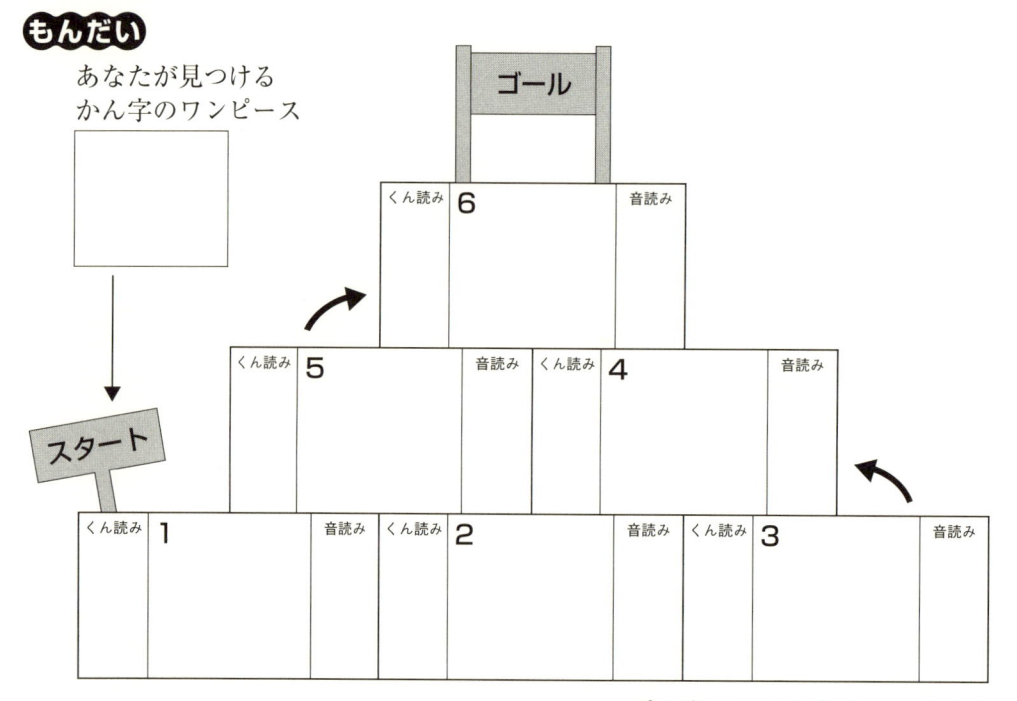

〔れい〕木のつくかん字

くん読み		音読み
はやし	林	リン

もんだい

あなたが見つける
かん字のワンピース

スタート　→

ゴール

| くん読み | 6 | 音読み |

| くん読み | 5 | 音読み | くん読み | 4 | 音読み |

| くん読み | 1 | 音読み | くん読み | 2 | 音読み | くん読み | 3 | 音読み |

番ごうじゅんにうめていきましょう

ふりかえり

1　たくさんみつけられた（はい [　　こ]，まあまあ [　　こ]，むずかしかった [　　こ]）
2　たくさんみつけさせた（はい [　　こ]，まあまあ [　　こ]，むずかしかった [　　こ]）
3　2人でやってみて見つけた「今日のはっけん」を教えて？
[　　]

新出漢字で自己紹介作文

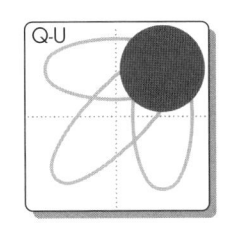

まとまりのある学級の漢字練習

〈4〜6年〉

こんな学級で
ルールもリレーションも確立している。学力は全体的に高い。遅れがちな子どももいるが、グループ学習で援助し合いながら進めることができる。

ねらい
学習した漢字を単に覚えるだけでなく、漢字を使って文章を作り、漢字の意味を理解させる。

授業スキル活用の公式

個性を生かすことで，学習内容をより深める

第3節 　4〜6年　漢字「新出漢字で自己紹介作文」

➡ 進め方

子どもたちには信頼関係があり，自分たちで教え合いができる。それを生かして，相互理解を深めつつ，漢字の使い方を学習し合いながら発展的に楽しく定着させる。

提示 1分

❶ 簡単な漢字を3文字程度黒板に書き，自己紹介作文を説明する。

「お題の漢字を使って自己紹介の文を書きます。例えばドラえもんが前の単元で習った『雑・招・貸』を使って自己紹介すると，『未来から招待されてやってきました。雑貨のように見えるけど，実は便利な道具をいっぱいお貸しします』という感じです。できるだけ友達が知らない自分のことを書けると，お互いのことがもっとわかって楽しいと思います」。※教材例は5年「わらぐつの中の神様」

- 「5つのお題の漢字」をできるだけたくさん，正しく使い，自分のことがよく相手に伝わるような自己紹介文を5分で作る。
- ワークシートにあるヒントを使って紹介文を書いてもよい。
- できた紹介文を4人組で読み合い，グループを代表する自己紹介文を1つ選ぶ。

活動 7分

❷ ワークシートに新出漢字を使った自己紹介文を5分間で書く。

❸ 4人組で自己紹介文を読み上げ合って，今日の発表者を1人決める。

- 「だれがいちばん漢字を正しく使い，自分を上手に紹介したかを話し合って今日の発表者を決めましょう」と決め方を方向づける。

評価 2分

❹ 各グループの発表者が全体の前で作文を読む。

- 「どこにどの漢字を使っているのか考えながら聞きましょう」と漢字に着目させる。
- 使い方や作文の内容について，感想や意見を2，3人に発表させる。
- 上手な使い方を教師が取り上げ，定着を図る。

❺ ワークシートの振り返り欄に記入する。

⚠ 繰り返し方

STEP1 新出漢字を使って「自己紹介」を作文する。（本時）
STEP2 「家族の紹介」や「将来なりたいこと」など子どもたちにテーマを決めさせる。

> **コツ**
> 子ども相互の教育力を生かし，創造的に学習を進められる学級である。教師がいろいろ言わなくても，パターンがある程度わかれば，子どもたちだけで楽しく学習できる。自己紹介文を発表し合うことによって，さらに人間関係も高まるだろう。

提示のコツ

1 ▶ 流れさえわかれば，子ども同士で教え合いながら進められるので，説明は必要最小限にして，例を示して学習にとりかからせる。例は，教師自身の自己紹介をすると，いっそう楽しさが倍増するし，学習の見通しがつきやすい。例えば「みんなは私のことを格好悪いというけれど，大学に在学していたときには体を鍛えるのが習慣で，余った肉もなくスリムでした。実は最近ジョギングをはじめました。効果がでるのが楽しみです」。これを自己開示といい，心理的な距離を縮めることができる。子ども同士にも自己開示をさせることで，相互理解を深める効果も期待できる。 能・提 構・時 対・自

活動のコツ

2 ▶ 活動の内容が理解できなかったり，学習の遅れがちな子どもがいたりすることが予想されるが，ルール，リレーション共に確立している学級では，日常的に子どもたち同士で相談してもいいことにする。このような学級では，むだ話はないし，周りに迷惑をかけないように話すスキルが定着しているはずだからである。かえって相談させることによって，学習効果が高まる場合は多い。 構・場 構・リ

2 ▶ 作業の間は細かい指示を出さないようにする。どうしても必要な場合はグループのリーダーを通して指示を出させるようにする。 構・リ

3 ▶ グループ内での発表のときには，教師は耳をかたむけ，笑顔でうなずき，活動を促進させる。 対・雰 能・促

評価のコツ

4 ▶ できるだけ，子ども同士の相互評価を大切にする。友達の漢字の使い方などのよさにふれる発言があった場合は，似たような使い方をした子どもを確認したり，そのほかの使い方を尋ねたりするなど，使い方を広げられるようにする。 対・言

4 ▶ グループ学習でリーダーが上手に援助していた場面を取り上げてほめることで，自主的な活動をいっそう充実させる。 対・賞

※マークの解説　例えば 構・リ は「構成スキル」の「リーダーシップ」をあらわす。詳しくは16頁へ。

新出漢字で自己紹介作文

組　番　名前　　　　　　月　日

やり方
- 左の「お題の漢字」をできるだけ多く使って自己紹介文を書こう。
- できるだけ友だちが知らない自分を紹介しよう。
- 四人組で自己紹介文を読み上げ合って、今日の発表者を一人決めよう。

| お題の漢字 | 余 | 格 | 慣 | 在 | 効 |

ヒント

余	余計（よけい）	余分（よぶん）	余る（あまる）
格	格好（かっこう）	資格（しかく）	
慣	習慣（しゅうかん）	慣例（かんれい）	慣れる（なれる）
在	現在（げんざい）	在校生（ざいこうせい）	在り方（ありかた）
効	効果（こうか）	有効（ゆうこう）	薬が効く（くすりがきく）

_____
_____
_____
_____
_____

ふり返り
1　あなたはいくつの新出漢字を使えましたか。　　　（　　　）
2　友だちの使い方で上手だったのは、何ですか。　　（　　　）
3　友だちの紹介を聞いて、新しく知ったことは何ですか。（　　　）

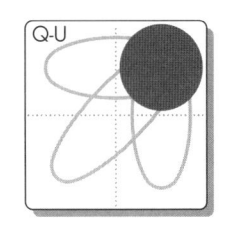

第5章　まとまりのある学級

まとまりのある学級の計算練習
めざせ！九九チャンピオン

〈2年・九九〉

こんな学級で
落ち着いて学習に臨み，友達同士のあたたかいつながりももっている。

ねらい
競争の意識と知的好奇心を刺激し，覚えることはうれしい，みんなでやると勉強は楽しい！　という雰囲気をつくる。

「たろうくん速くなったね」
「にじゅういち」
「にじゅういち」
「ヤッタ！早かった！とった！」

答えを確かめるために九九一覧表を用意させる

表は九九の問題、裏は白いままのカードをみんなで作っておく

授業スキル活用の公式

前向きな切磋琢磨で，学習の定着をより高める

第4節　2年 計算「めざせ！九九チャンピオン」

➡ 進め方

学習するのが楽しい，もっと学びたいと思っているクラスである。友達と競争したり，がんばりを認め励まし合ったりすることによって，知的好奇心を刺激し，もっと高まろうとする意欲を喚起する。

提示 2分

1 やり方を説明する。

「どっちが早く九九に答えられるか2人で勝負し，九九チャンピオンを決めます」。
- 九九カードの束を机の上に裏返して，2人の真ん中に置いて準備する。
- 1人が九九カードをめくり，わかった人は素早く口頭で答える。
- 早く正解を言った子が答えの数字（得点）をワークシートに書く。
- 正解者が九九カードをめくって次の問題を出す。
- 10回繰り返したら，新しく自由に2人組をつくって，また10問勝負する。
- これを繰り返し，7分間で最も多くの点数を取った人が九九チャンピオン。

  〈ルール〉・九九の答えが不安なときは一覧表で確認してよい。
  ・得点を合計する足し算は計算機を使ってもよい。
  ・ペア替えでは，ジャンケンに勝った人がカードを持って移動する。

2 隣同士で2人組をつくる。

活動 7分

3 九九チャンピオンを始める。
- 「カードをよく切ってください」「ジャンケンをして，始めにカードをめくる人を決めてください」「用意，はじめ」と言って7分計る。

4 得点を計算する。
- 「自分の点数を計算してください」と言う。

評価 3分

5 ワークシートに今日の振り返りを書く。
- 自分の伸びと次の課題，友達のがんばりに気づくよう声がけをする。

6 九九チャンピオンの発表と教師からの評価
- 「最高得点だと思う人は立ってください」「得点を発表してください」と尋ねて決定する。拍手。

❗ 繰り返し方

STEP1	ペアの相手を10問ごとに代えながら競い合う。（本時）
STEP2	子どもにタイムキーパー，振り返りタイムの司会をさせ，認め合う雰囲気をつくる。

第5章　まとまりのある学級

> **コツ**
> この学級の子どもたちにはルールもリレーションもある。友達と競争すると、自分よりできる友達や前より伸びた友達がわかり、互いによきライバルとなって刺激し合って能力を高めようと努力する。

提示のコツ

1 2 ▶ リレーションのとれている学級とはいえ、自由に2人組をつくることに抵抗をもつ子がいることが考えられる。始めのうちは、教師が「いままで組んだことのない人と組むこと」など、2人組のつくり方を指定する。子どもたちが慣れてきたら、自由に勝負させる。[構・場]

活動のコツ

3 ▶ カードをめくるのに時間がかかる子、答えがなかなか言えない子などがいて、ペアの子がイライラする場合がある。初めて行う場合は、九九を復習したり、カードをめくる練習をさせたりしてから取り組ませる。九九が苦手で速さを競えない子には、答えとして持ち歩いている一覧表を見てよいことにしておく。スポーツにもハンデがあるように、計算にもハンデが必要な場合があることを理解させる。[構・時][対・注]

3 ▶ 書き方に迷っていないか、足し算の計算がむずかしければ計算機を使わせるなど、机間支援する。[能・促]

4 ▶ 前回よりも高得点だった子、速くなった子、はっきりした声で答えている子を賞揚するなど、一人一人のがんばりを見つけて声をかける。[対・賞]

4 ▶ 進行状況を見て合図を出す。[能・促]

評価のコツ

5 ▶ 自分の伸びや課題、友達のよさに気づいて振り返れるよう、声をかけながら支援する。2、3人に発表させ、よりよい振り返り方のモデルとする。[対・言]

5 ▶ 計算の速い子だけでなく、九の段を一生懸命練習してきて高得点を獲得できた子など、努力のみられた子を紹介する。そうすることで、ただの計算競争に終わらせず、努力したこと、あるいは集中してこの練習に取り組んでいることで力がついていることを意識化する。楽しくなかったと書いている子には、それとなく理由を聞いて、次回に生かす。[対・雰][対・賞][構・評]

※マークの解説　例えば[構・リ]は「構成スキル」の「リーダーシップ」をあらわす。詳しくは16頁へ。

_____ がつ _____ にち

めざせ！九九チャンピオン

くみ　ばん　なまえ

やりかた

1　じゃんけんをして，かった人が，九九カードを１まいひいて
　　おもてにします。
2　そのカードを見て，できるだけ早く，九九のこたえをいいます。
3　早くこたえられた人は，こたえをシートにかきます。
4　10もんやったら，ちがうあい手とペアをつくってたたかいます。
　　たいせんじかんは７ふんです。

たいせんあい手	先にいえた九九のこたえ										ごうけい
１かいせんのあい手 （　　　）さん											１かいせん ごうけい
２かいせんのあい手 （　　　）さん											２かいせん ごうけい
３かいせんのあい手 （　　　）さん											３かいせん ごうけい
４かいせんのあい手 （　　　）さん											４かいせん ごうけい
５かいせんのあい手 （　　　）さん											５かいせん ごうけい
６かいせんのあい手 （　　　）さん											６かいせん ごうけい
７かいせんのあい手 （　　　）さん											７かいせん ごうけい
	きょうのごうけいてんすう										
					けいさんきをつかってもいいです→						てん

まえの自分とくらべてのびたことや　つぎがんばりたいこと

（　　　　　　）さんへのひとこと

きょうの気もちのマークにまるをつけましょう。

　　さいこう！　　😆　　まあまあ　　🙂　　いまいち　　☹️

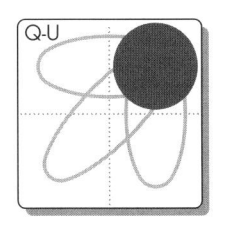

第5章 まとまりのある学級

まとまりのある学級の計算練習
問題づくり道場

〈6年・分数の足し算と引き算〉

こんな学級で
学習意欲が高く，分数についての基礎基本が定着している。友達が問題につまずきそうになると上手に教え合いもできる。

ねらい
友達との交流によりお互いを認め合い，練習への意欲が増す。自分で問題をつくることで分数の足し算・引き算への理解を深める。

授業スキル活用の公式

よきライバルを設定し，学習内容を深め合わせる

第5節 6年 計算「問題づくり道場」

進め方

子ども同士の交流が盛んで認め合う雰囲気の学級では，友達のつくった問題に期待感をもち，意欲的に問題解決に取り組もうとする。さらにそのような相手を意識させることで，より難度の高い問題をつくろうと試行錯誤する意欲づけができる。

提示
2分

1 2つの分数を使って簡単な問題をつくり，やり方を説明する。

「分数を使った問題をつくって，隣同士で解き合います。できるだけ隣の友達を悩ませる問題をつくりましょう。例えば，$\frac{2}{3}$ と $\frac{1}{2}$ という分数を使って問題をつくってみます。『夜 $\frac{2}{3}$ ℓ ジュースが残っていました。朝見てみると $\frac{1}{2}$ ℓ に減っていました。だれかが黙って飲んだようです。どれくらい飲まれたのでしょうか』」。

・分数の計算式を一人一人がくじで決め，それが導かれる文章問題をつくる。
・足し算か引き算かは自分で決める。
・できるだけ解く人が頭を悩ますような問題をめざす。
・問題を隣と交換して解き合い，相手の問題の難易度・名人度を判定する。

活動
7分

2 ワークシートを配り，くじを引かせて所定の欄に数字をうめさせる。

・①〜④の各欄にくじで数字を入れ，足し算か引き算かを選んで式を完成させる。

3 つくった式が解答となるような問題をつくる。

・問題づくりの参考となるように，問題の例をいくつか掲示しておく。

4 隣同士で問題を交換して解き合う。

「さあ，勝負です。友達のつくった問題が解けるかな。問題の元となった式を導き出し，答えを求めましょう」。

・ワークシートを点線で折り，答えが見えないようにしてから交換させる。

5 自分が解いた問題の難易度・名作度・よかったところを記入する。

6 ワークシートを交換し，答え合わせをする。

評価
1分

7 自分がつくった問題の満足度，感想を記入する。

8 教師が上手に問題をつくった子どもをほめる。

繰り返し方

STEP1 問題づくりに挑戦し，問題づくりに慣れる。（本時ほか）
STEP2 むずかしい問題づくりに挑戦する。
STEP3 クラス全員の問題を集めた「問題集」にチャレンジする。

第5章 まとまりのある学級

> **コツ**
> 教室にはお互いを認め合う支持的風土がある。「友達を悩ませよう」と呼びかけることで意欲を高める。必要に応じて教師が絵図を用いて解説をすることで，よい問題の基準を明確にし，文章問題への理解を深めるようにする。

提示のコツ

1 ▶ 「もっと分数の力をアップするためには，いろいろな問題にチャレンジしてみることが大切です」「問題をつくろうと考えることは，実は自分の勉強にもなっているんだよね」「よい問題をみんなでつくって高め合ってほしいと思っている」などと，この活動の意味と教師の願いを子どもに伝える。[構・リ]

活動のコツ

2 ▶ 問題文づくりの前に，「友達が頭を悩ますような問題をつくって勝負だよ」と声をかけて意欲づけを行い，より深く問題について考えられるようにする。また異なる迫り方として，「友達が頭を悩ますようなよい問題をつくってください」「よい問題とはむずかしいけど，できたときに『スッキリ』するような問題だよ」と，親和的な雰囲気を生かしながら，お互いを高め合うように方向づける働きかけもよい。[構・評] [対・雰]

3 ▶ 問題文を思いつかない子どもがいることが予想される。あらかじめ掲示しておいた問題例を参考にさせたり，必要であれば「ケーキを使った問題にしたら？」など，ネタの提供をしたりする。[能・提] [能・促]

4 ▶ 問題を解くのに苦戦する子どもは，問題文が具体的にイメージできていないことが予想される。どのような状況を問題にしたのかを理解するために，絵図を使って整理させる。問題をつくった子ども本人からヒントを得るようにしてもよい。[能・指]

5 6 ▶ 友達からの評価はとても気になるところである。星の数での評価だけでなく，「どのような点がよかったか」など具体的な感想を交流する。[対・賞] [対・雰] [構・場]

評価のコツ

7 ▶ 名作度や難易度の高い作品を紹介することで，よい工夫の具体例として参考にできるようにする。また，友達の作品に対して感想をもった子どもの評価する力を賞賛することで，「勝負」という硬い雰囲気を和らげる。満足度の高い学級でさらにルールとリレーションを高めていくために，良問をみんなで解いて，全体から感じたことを言ってもらい，活躍の場とする。[能・発] [対・賞] [対・言] [対・雰]

※マークの解説　例えば[構・リ]は「構成スキル」の「リーダーシップ」をあらわす。詳しくは16頁へ。

_____月_____日

問題づくり道場

組　番　名前

やり方

1　くじで式を決めましょう

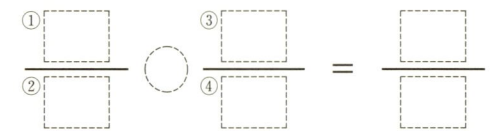

$$\frac{①\Box}{②\Box} \bigcirc \frac{③\Box}{④\Box} = \frac{\Box}{\Box}$$

(1) くじを引いて①〜④に数字を記入しましょう。
(2) 足し算か引き算かを決めましょう。
(3) 答えを計算しましょう。

······················ おりまげる ······················

2　1で決めた式が成り立つような文章問題をつくりましょう。
　　できるだけ，とく人が頭をなやますような問題をつくりましょう。

【問題】

_____
_____
_____

3　となりの人がつくった問題をときましょう。

【式】

> 問題ができたらシートを折り，答えが見えないようにして，となりの人と交かんします。

答え [　　　　　　　]

この問題の判定

判定する人の名前 [　　　　　　　]

◆むずかし度　☆ ☆ ☆ ☆ ☆

◆名作度　　　☆ ☆ ☆ ☆ ☆

よかったところ

ふり返り　〜自分のシートにもどって書きましょう〜

◆満足度　☆ ☆ ☆ ☆ ☆

感想

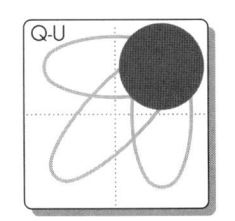

第5章 まとまりのある学級

まとまりのある学級の音読練習
すごろく音読

〈3年・「ありの行列」光村図書〉

こんな学級で
上手に音読できる子が多く，教え合いもできる。しかし，まだまだ3年生。悪気のないルールやぶりやまずいかかわりをする子もいる。

ねらい
すごろくゲームの楽しさを生かして，グループで繰り返し音読の練習を行うなかで，説明文の構成の意識づけをする。

授業スキル活用の公式

仲間との認め合いで，学習意欲をより高める

第6節 　3年 音読「すごろく音読」

進め方

グループで「協力する学習」も「競う学習」もスムーズに進めていくことができる学級である。そこで，「すごろく」を使うことで，退屈になりがちな音読の練習を楽しく繰り返せるようにする。

提示 2分

1 ワークシートを配り，すごろく音読のやり方を説明する。

「グループで声をそろえて音読の練習をします。ただし読み方はすごろくを使って決めます。1つのすごろくを使って2つのグループで勝負します」。

- 3〜4名のグループをつくり，2グループごとに1つのすごろくに集まる。
- グループの1人がサイコロを振って，出た目の数だけコマを進める。
- コマが止まったところの指示に従って，グループで声をそろえて音読する。
- 早くあがったほうが勝ち。
- 片方のグループがあがったら終了し，新しい対戦グループと繰り返す。

活動 7分

2 グループ対抗ですごろく音読をする。

- 声の出ていないグループやきちんと声をそろえていないグループは，教師も一緒に参加してモデルとなる。
- 片方のグループがあがってしまったらそこで終わり，対戦するグループを変える。
- 終わる時間がまちまちになることが考えられる。終わったグループは仲よく声をそろえて，読まなかった段落などを声を合わせて練習しているようにする。

評価 1分

3 教師からの評価

- 早くあがったグループ，声のよく出ていたグループ，声がよくそろっていたグループをほめる。

4 振り返り欄に記入させる。

繰り返し方

- **STEP1** グループ対抗ですごろく音読をする。グループで声をそろえて読む。（本時）
- **STEP2** 3〜4名ですごろく音読を楽しむ。
- **STEP3** すごろくの中身を変え，制限時間や感情をこめた読み方の条件を加える。

第5章 まとまりのある学級

> **コツ**
>
> 複雑なものでも子ども同士で協力しながら活動できる学級である。ルールとリレーションをさらに確立させ，自主性や社会性をさらに育てていくために，子ども主体のグループ活動を取り入れ，友達と協力する楽しさを味わわせたい。

提示のコツ

1 ➡ ルールは簡単ですぐに活動に入ることができる。そこで場合によってはグループごとに自分たちでルールを変化させてもよいことにする。「今日のポイント」として，どれかのマスについて取り上げ，具体的にモデルを示してもよい。 構・進 構・時 能・促

活動のコツ

2 ➡ すごろくをすることだけに意識が向いて，音読がいいかげんになっているようであれば，積極的に教師が子どもと一緒に活動し，お手本を示すようにする。また，きちんと取り組んでいるグループがあれば，そこの取り組みをみんなの前で見せ，よさを指摘させて大切にしてほしいことに気づかせることでルールを意識させる。 対・注 対・賞 能・促 能・指

2 ➡ ひとマスごとに相手グループが，音読を聞いて評価を伝える工夫を入れてもよい。例えば，ベリーグッド（頭の上で両腕で丸をつくる），グー（両手で親指立て），合格（片手でOKマークをつくる）など，全員で確認した評価をゼスチャーで相手チームにフィードバックをするなどである。グループの協力を評価し合いながら，グループ間，グループ内のリレーションを高めていく。 能・促

2 ➡ 活動自体に慣れてきたら，説明文では「語りかけるように読む」「句読点や速さに気をつけて読む」，物語文では「会話文を工夫して読む」「場面に合わせて速さを工夫して読む」など，より価値の高い課題を加えて意欲と協力を高める工夫を取り入れてもよい。「みんなに紹介したい上手なグループ」をあげてもらい全体に紹介することで，他グループのよさから学ぶ機会を意識させ，集団のまとまりを高めていく。 能・促 対・賞

評価のコツ

3 ➡ ゲームを楽しみながら開放感のある雰囲気で音読すると声がよく出る。声のよく出ていたグループを賞賛する。また，どんな指示で音読したときに一番声が出たか等の感想を言わせたり，模範を示させたりする。周囲が騒然となるが，声をそろえると，きれいに聞こえることに気づかせ次時への意欲化を図る。 対・賞 構・評

※マークの解説　例えば 構・リ は「構成スキル」の「リーダーシップ」をあらわす。詳しくは16頁へ。

すごろく音読

_____月_____日

組　番　名前

2グループに分かれて，音読たいけつをしよう！

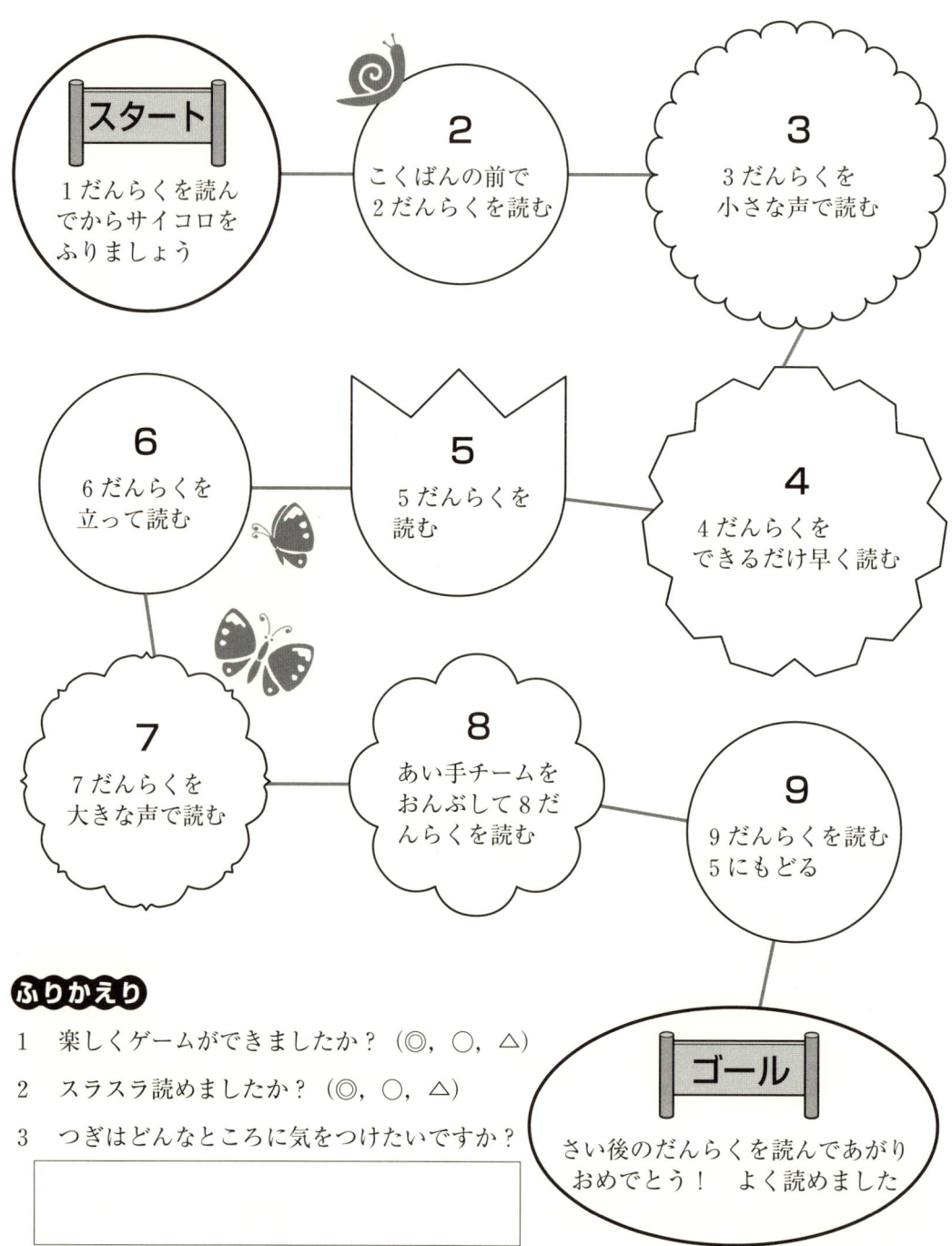

スタート
1だんらくを読んでからサイコロをふりましょう

2
こくばんの前で2だんらくを読む

3
3だんらくを小さな声で読む

4
4だんらくをできるだけ早く読む

5
5だんらくを読む

6
6だんらくを立って読む

7
7だんらくを大きな声で読む

8
あい手チームをおんぶして8だんらくを読む

9
9だんらくを読む　5にもどる

ゴール
さい後のだんらくを読んであがり　おめでとう！　よく読めました

ふりかえり

1　楽しくゲームができましたか？（◎, ○, △）

2　スラスラ読めましたか？（◎, ○, △）

3　つぎはどんなところに気をつけたいですか？

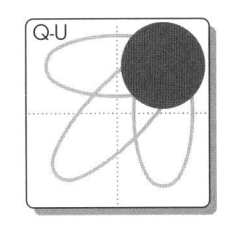

第5章　まとまりのある学級

まとまりのある学級の音読練習
声をそろえて グループ音読

〈4〜6年〉

こんな学級で
滞りがなくグループ活動ができ，他のグループよりも上達することに，意欲を燃やせる学級。

ねらい
グループで声をそろえて音読することにより，より望ましい友達関係ができるとともに，音読技術も向上する。

「アドバイスをおくりながら何回合格するか挑戦しよう」

- 1人でもつっかえたりまちがえたりするとダメ
- 読んでいない人がいたらダメ
- よく聞き取れない声の人がいたらダメ
- ダメになったら最初からやり直す

「ぜひこの問題に関心をもってほしいと思う。」

「よし 7回め！」

授業スキル活用の公式

グループ活動で，学習の定着をより高める

第7節　4〜6年　音読「声をそろえてグループ音読」

進め方

ルールが定着していて，教師と子ども，子ども同士の関係性も高い。協力し合って学習を進めていこうという意欲も高い。そこで，グループで楽しく音読を繰り返すなかで，音読技術を向上させる。

提示 4分

1 ワークシートを配り，グループ音読の進め方を説明する。

「グループ4人で声をそろえて読みます。決められた範囲を，声をそろえて間違いなく読めたら合格です。時間内に何回合格するか競争です。ルールは次のとおりです」。

- ・1人でもつっかえたり間違えたりすると「ダメ」。
- ・読んでいない人がいたら「ダメ」。
- ・よく聞き取れない声の人がいたら「ダメ」。
- ・「ダメ」になったら最初からやり直す。

2 代表グループの音読を聞き，ルールを確認する。

活動 8分

3 グループ音読をする。

- ・「グループでアドバイスをおくりながら，何回合格するか挑戦しよう」と言って始めさせる。
- ・教師は，音読の技術や声をそろえるポイントを指導して各グループ間を回る。
「ゆっくりではなくスラスラ読めるように，読点で休まないようにしよう」。
「熟語やカタカナ語は口形に気をつけよう」。
「アイコンタクトで出だしが合うようにしてみよう」。

評価 2分

4 教師からの評価

- ・アドバイスをおくり合って練習していたグループをほめる。

5 ワークシートの振り返り欄に記入する。

繰り返し方

STEP1 グループで声を合わせて音読し，時間内に何回合格するかを競う。（本時）
STEP2 新しい場面や教材で練習をしたり，グループ対抗で長文に挑戦する。
STEP3 文章の内容に合った読み方をグループで工夫する。

参考文献　上條晴夫編『子どもの意欲を育てるワークショップ型授業　50＋26　小学3・4年』教育同人社

第5章　まとまりのある学級

> **コツ**
> このような学級では、「音読の回数を増やす」という目標を明確にすることで、グループで協力し合って意欲的に取り組むことができる。スラスラと音読する技能が育つだけではなく、集中して友達の音読も聞こうという態度も身についてくる。

提示のコツ

2 🔊 音読が苦手な子どもも楽しく参加できるように、ルールはあまり厳密にしない。できない友達を責めるのではなく、アドバイスをおくり合って挑戦することが大事であると話しておく。実態に合わせてルールを増やしたり減らしたりしてもよい。[構・リ] [構・評]

活動のコツ

3 🔊 「なぜ熟語やカタカナ語は口形に気をつける必要があるのか」と子どもが疑問をもつ場合がある。そこで、「熟語やカタカナ語は、1音1音の『口形』の変化や違いが激しいので、発音がむずかしい。また、キーワードになる言葉が多く、とくに意識してハッキリ言わなければ伝わりにくいからだよ」と説明を補足する。[能・説]

3 🔊 回数を増やすことだけに意識が向いているようなグループには、ルールを確認するように指導する。まとまりがあり主体的に活動するクラスの場合、直接に指導するよりは、「〇班の人は、前かがみになって姿勢にやる気が出ているなぁ」「〇班は、リーダーを中心にアイコンタクトで合図している。まとまりが出てきたよ」など、声がそろうように速さのあり方や姿勢、アイコンタクトを工夫しているグループを賞賛する。[能・促]

3 🔊 机間指導をしながら、発音や口形がむずかしい言葉等は取り立て指導をする。例えば、「『第一印象』は『だ』『い』『い』『ち』『い』『ん』『しょ』『う』と『い』の字が多いね。続いているし、『い』という音の発音は、口の形が『い〜』と（実際にやってみせる）唇を引っぱるようにしないとハッキリしません」と具体的に示す。[能・説]

評価のコツ

4 🔊 工夫しながら声をそろえて音読をしていたグループを取り上げ賞賛する。どんな工夫をしたら声がそろうのか、速く読めるのか等を発表させたり、範読させたりする。例えば、以下のような指摘がなされることもある。「速く読むには、座り方を変えないといけない。イスと背中の間をあけて、少し前に傾くように座るといい」「足の裏を床にひっつけているよりも、つま先だけをつけているような姿勢のほうがみんなと息が合うみたい」「リーダーを中心に、目で合図をおくり合うといいな」など。[対・賞] [構・場]

※マークの解説　例えば[構・リ]は「構成スキル」の「リーダーシップ」をあらわす。詳しくは16頁へ。

_____月_____日

声をそろえてグループ音読

組　　番　名前

やり方
- グループ4人で，決められたはんいを，声をそろえて読みます。
- 声をそろえてまちがいなく読めたら「合かく」です。
- 時間内に何回合かくするかをきょうそうします。
- 次のルールを守りましょう。

  - 1人でもつっかえたりまちがえたりすると「ダメ」
  - 読んでいない人がいたら「ダメ」
  - よく聞き取れない声の人がいたら「ダメ」
  - 「ダメ」になったらさいしょからやり直す

グループ音読をしよう

【グループ音読のコツ】「読点で休まないでスラスラ読もう」
　　　　　　　　　　「じゅく語やカタカナ語は口の形に気をつけよう」
　　　　　　　　　　「目で合図し合って出だしを合わせよう」

【合かくした回数をぬりつぶそう】

0回　　　5回　　　10回　　　15回　　　20回　　　25回

（やった！）　（すごい！）　（あっぱれ）　（名人！）　（キセキ！）

ふり返り

1　今日の音読練習は楽しかったですか？（楽しかった，普通，あまり楽しくなかった）
2　グループの友だちときょう力できましたか？（できた，普通，あまりできなかった）
3　声をそろえるときに気をつけたことは？

4　次の音読練習で気をつけることは？

第6章

授業スキル一覧

構成スキル

展開スキル－能動スキル

展開スキル－対応スキル

本書のスキル一覧（学級状態による比較表）

構成スキル

	かたさのある学級（2章）	ゆるみのある学級（3章）
リーダーシップ	・明るい声で参加的なリーダーシップで和ませる。（5節） ・担任への不満がある学級では，「みんなができるようになるまで協力してほしい」と説得的なリーダーシップを発揮する。（5節） ・教師が大きな口を開けて明るい表情で発声練習を行う。（6節）	・スタートの合図と姿勢の確認を一斉に行い，教師の指示に従うことに慣れさせる。（2・6節） ・守るべきルールを共有するために，違反がだれの目にも明らかになるようにする。（3節） ・課題を端的に示して授業に向かわせる。（4節） ・全体でテンポをそろえて進め，教師のリーダーシップに慣れさせる。（4節） ・教師とのじゃんけん，教師による時間計測で教師に注目させる。（5節）
学習評価の目安	・一人一人が役割を果たすこと，グループで協力することに関する努力をほめる。（2節） ・正解できたグループをほめるだけでなく，多様な努力をほめる。（2節） ・すべての子どもの努力を認める。（4・5節） ・一生懸命さや協力，助け合いなどに焦点を当てて賞賛する。（4節）	・なぜ楽しくできたかを考えさせ，ルールを守ることの大切さに気づかせる。（4節） ・まずルールを守ってできたことをほめてから，練習の上達に関することをほめる。（6節） ・音読の苦手な子どもには，声の大きさよりも，合わせようとしているかを重視しほめる。（7節）
授業場面のデザイン	・班の意見をまとめてゲームに参加させる。（2節） ・グループ内での練習を工夫させる。（7節）	・係がまとめて用紙を集めることで，一人一人が席を離れなくてよいようにする。（2節） ・子どもが安心して取り組めるペアを教師が決める。（6節）
授業進行のデザイン	・自主的に活動させるために，黒板に対戦図を書いたり，子どもの進行役を決めたりする。（7節）	・すべての教科で，「テスト用紙が配られたら名前を書き，鉛筆を置いて静かに待つ」というルールを習慣化する。（2節） ・グループのなかのいろいろな子に係を体験させて，参加意欲を高める。（2節） ・役割に従いやりきる体験を繰り返す。（4節） ・役割を交代するごとに，教師の指示で手を挙げさせて確認する。（4節）
時間・インターバルの設定	・和ませる時間を長めにとる。（5節）	

展開スキル（能動スキルと対応スキル）

能動スキル	かたさのある学級（2章）	ゆるみのある学級（3章）
発問	・何を書いたものかを聞いて対話していく。（5節）	
指示	・グループ状況を見ながら，対抗戦に勝つための工夫を助言し，工夫させる。（7節） ・やり方やルールなど，授業の骨格を板書して示し，自由に活動できることを伝える。（7節）	・してはいけないことを事前に短く示す。（4節） ・ワークシートにやり方を示し，全員が理解できるようにする。（5節）
説明	・教師が子どもたち全員に掛け合い形式で進める。（4節）	・テンポよく簡潔に実際に行いながら説明する。（5節）

荒れ始めの学級（4章）	まとまりのある学級（5章）
・ルールを守ることで楽しさが生まれることを説明する。（3節） ・意図する活動の意味について教師の願いを語る。（4節）	・細かい指示を教師が出すことは控え，必要な場合はグループのリーダーにそっと出す。（3節） ・子ども同士で相談してよいことにして，相互作用を生かす。（3節） ・やり方だけでなく活動の意味と願いを訴える。（5節）
・取り組めば全員ができる課題と，できる子はどんどん進められる課題を用意する。（2節） ・ルールが守れたことを評価する。（2節） ・課題が完成できなかった子どもには，取り組んだ過程を評価する。（4節） ・目に見える上達がなかった子どもには，集中して取り組んだ態度をほめる。（7節） ・前向きな活動の姿や考え方を評価する。（5節） ・努力の成果が見てわかるようにする。（7節）	・仲間と一緒に学んだから気づきや知識が広がったことの価値や意味にふれて評価する。（2節） ・作文に自己開示する機会を含めて，ふれあいを定着させる。（3節） ・苦手な子どもも楽しく参加できるようにルールはあまり厳密にしない。（7節）
・座席をバラバラにして子ども同士の関係を絶つ。（2節） ・係が用紙を集め，全体は動かない。（2・6節） ・個別にプリントで作問・回答させる。（4節） ・対人関係に不信感が生じているときは，一人で練習して満足感を得させる。（5節） ・友達の出来不出来が気になってマイナスの影響があるときは，成果を全体の場では聞かず，ワークシートの通信欄で教師とやりとりする。（5節）	・友達との交流によって学習に対する関心と理解を深める。（2節） ・やり方がわからない子どもがほかの子どもに相談することを認め，学習効果を高める。（3節） ・抵抗に配慮して，初めのうちだけは2人組の作り方を教師が指定する。（4節） ・相手のために問題をつくり，お互いに問題を評価し合う。（5節） ・グループの上達をめざし協力と工夫を促す。（7節）
・採点は用紙を回収して教師が行い，肯定的なコメントを書く。（2節） ・カウントダウンをして，時間やルールを意識させる。（6節） ・ストップウォッチを使って所要時間を計ることで，緊張感を高め，教師に集中させる。（7節）	・やり方の説明は最小限にする。（3節） ・すごろくを子どもたちに工夫させる。（6節） ・グループで自主的に自分たちの読みの合格不合格を判断させる。（7節）
・教師の指示に従い，短い区切りで個別作業を行わせる。（3節）	

荒れ始めの学級（4章）	まとまりのある学級（5章）
	・よさを指摘させて，大切にして欲しいことに気づかせる。（6節）
・教師に反発する子どもには，あまり反応せずに，テンポよく説明を行う。（2節） ・例題を全員で解く。（4節）	・やり方を具体例でやってみせる。（3節） ・代表の子どもやグループにデモンストレーションをさせて，ルールを確認する。（7節）

提示	・ワークシートを拡大して黒板に貼り，それを使って説明する。（3節） ・正解数の多少だけでなく，いろいろな賞があると，見通しを示して意欲をもたせる。（3節）	・問題はあらかじめ模造紙に書き，間隔を開けずに掲示し，子どもが騒ぎ出す間をつくらない。（2節） ・話を聞くためのルールを板書や掲示でわかりやすく示す。（4節） ・活動の流れをマニュアル化することで，全員がルールを守りやすくする。（6節）
活動の促進	・正解数の多かった子だけでなく，自分の目標が達成できた子も紹介する。（3節） ・できたペアには発展的課題に向かわせる。（4節） ・上手な音読のコツに気をつけて読んでいるペアのそばに行ってほめ，モデルにさせる。（6節）	・翌日の課題を確認し，目標を示してやる気を高める。（2節） ・ある程度時間がたったら，全員が教科書や事典などを使ってもよいと助け船を出す。（3節） ・活動の始めと終わりに子ども同士であいさつをさせる。（4節）

対応スキル	かたさのある学級（2章）	ゆるみのある学級（3章）
発言の取り上げ	・発表して間違えた子に対しては，「間違いのおかげでみんな勉強になったね」と積極的に扱う。（3節）	・工夫を求めてくる発言を全体に紹介して方向づけをする。（7節）
賞賛	・教師の感想をおりまぜながら，応援し合っていたことをあたたかい雰囲気でほめる。（2節） ・活動が滞る子には，机間指導して「だんだん早くなってきたね」などと声をかける。（4節） ・活動のばらつきには，上手なペアのそばで「いいねえ」とほめてモデルにする。（4節） ・一生懸命さや協力，助け合いなどに焦点を当てて賞賛し，学習の意欲につなげる。（5節） ・個別に声をかけるときは，少し身をかがめて子どもの声を聴くようにして，子どもの目線で声をかける。（6節） ・リーダーシップを発揮している子，よく協力している子をほめ，協力の大切さに目を向けさせる。（7節）	・教師の指示に従って集中して取り組んでいる子をほめ，行動のモデルとする。（2節） ・練習嫌いな子に机間指導で具体的ながんばりを見つけてほめる。（2節） ・子ども自身による号令を全員が上手にかけられるよう援助する。（6節） ・音読の苦手な子どもには，声の大きさよりも，合わせようとしているかを重視しほめる。（7節）
注意	・活動が進んでいない子，飽きてしまう子には，うまく進めているペアのことをほめて，やり方をモデルにさせる。（5節）	・活動がうまくいかず友達を責めている子には，気持ちを聞きながらいけないことをわからせる。（4節） ・うまくできないことを責める子どもには，集中して練習することが大切であることを話す。（6節）
集団の雰囲気づくり	・最低限のルールを示し，その範囲内であれば子どもの素直な喜びを受け止め，明るく楽しい雰囲気を大切にする。（3節） ・体を動かして遊び感覚で楽しく繰り返す。（4節） ・教師が大きな口を開けて明るい表情で発声練習を行う。（6節）	・教師もゲームに参加して，明るく楽しい雰囲気づくりをする。（3節）
自己開示		

・ワークシートの拡大版やフリップカードを掲示して，やる内容・やり方・流れ・ルールを示す。(2・3・5・6節) ・わかりやすくて，あっと驚くようなデモンストレーションで見せ，興味を引きつける。(7節) ・ワークシートの自己評価欄はユーモアある表現で抵抗を少なくする。(2節)	・活動のばらつきに応じるために，黒板に答えの一部を掲示して，選ばせるようにする。(2節) ・例題を作って見せ，具体的イメージをもたせ援助と発展につなげる。(5節)
・用紙を一人分ずつファイルにして，努力が厚みとなって見えるようにする。(2節) ・意外性のあるネーミングから，一斉作業に引き込んでいく。(3節) ・「全員鉛筆を置いたので答えを聞きます」とルールが守られていたかを確認して進む。(4節) ・やさしい問題を教師がプレゼントする。(5節) ・時間が来たらヒントを教える。(5節) ・机間指導をしながら，めあてを達成できている子には声をかける。(6節)	・グループ内で発表し合っているときは，教師は耳を傾け，笑顔でうなずき，活動を促進させる。(3節) ・活動がうまくできたら，子ども同士にゼスチャーでOKを示させる。(6節)

荒れ始めの学級（4章）	まとまりのある学級（5章）
・工夫したアイデアを認め全体に紹介する。(5節)	・相互作用で深まった学びに関する発言を取り上げ，ほかの子どもにも確認したり，そのほかの使い方を尋ねたりして，学びを広げる。(3節) ・自分の伸びや課題，友達のよさに気づけるように，声をかけながら自己評価させる。(4節) ・どのような工夫をグループでしていたか発表させて全体に共有化する。(7節)
・シートに教師がコメントをして関係をつくる。(2節) ・勝つことばかり目が向かないように，正しい書き順にも注意していた子をほめる。(3節) ・子どもの工夫を全体に紹介し，子どもが認められる場を作る。(5節) ・机間指導で見つけたよい評価を，全体の場で名指しで具体的に紹介する。(6・7節) ・抵抗を示す子は教師の評価が意欲を刺激するので，よかった点を積極的にほめる。(6節) ・ワークシートには教師のサインだけでなく，簡単なコメントを毎回書く。(6節) ・ワークシートは一人分ずつまとめ，学習の成果を目に見えるようにする。(6節)	・机間指導中に工夫された回答を見つけたらその場でほめ，記録して全体に紹介する。(2節) ・グループリーダーが上手に援助していた場面を取り上げてほめ，自主的な活動を推進する。(3節) ・集計時，前回よりも結果がのびている子の一人一人のがんばりを見つけてほめる。(4節) ・競って勝った子だけでなく，勝つための工夫や努力をした子をほめ，努力や向上の足跡を意識化させる。(4節) ・2人の勝負という活動で終わらせず，良問をみんなで解いて全体から感じ取ったことを言わせることで，いっそう満足度を高める。(5節)
・騒いでいる子には，あとで個別に対応する。(2節) ・あからさまに反抗する子には，あえて反応しないで，全体を進行させる。(2節) ・やってはいけないことを先に注意しておく。(4節) ・反抗的で活動しようとしない子には，全体の流れを示し，不安や抵抗を和らげる。(6節) ・ちょっかいを出す子には，直接注意するより，教師が間に入ったり，席を離すなどする。(6節) ・ゲームの勝ち負けに目を奪われず，音読の上手さのレベルを保つことを意識させる。(7節)	・自分で思いつかない子どものために，例題をいくつか掲示しておき，それを元にさせる。(5節) ・教師もグループ読みに参加して読み方のモデルになる。(6節) ・勝負にとらわれ，学習の深まりにかけているときは，よい取組みのグループを紹介する。(6節) ・ルールが守られなくなっていることを直接に指導するのではなく，よいグループをほめて気づかせ，主体的な気づきや相互作用を高める。(7節)
・用紙を配る係に，「どうぞ」「ありがとう」と言わせ，あいさつの気持ちよさを体験させ，基本的な対人マナーを定着させる。(2・6節)	・親和的な雰囲気を出しながら，認め合うムードづくりをする。(5節)
	・教師自身の自己紹介をモデルにして引き込む。(3節)

◆編集協力者◆

粕谷	貴志	都留文科大学文学部講師
菊池	省三	北九州市立香月小学校教諭
品田	笑子	江戸川区立第二松江小学校教諭
藤村	一夫	盛岡市立見前小学校教諭

◆執筆者◆

浅川	早苗	都留市立東桂小学校教諭	第2章4・6節,第3章2節
及川	哲子	盛岡市立見前小学校教諭	第3章6節
小川	暁美	盛岡市立見前小学校教諭	第2章2節,第5章4節
隠崎	享子	北九州市立西門司小学校教諭	第4章5節
粕谷	貴志	編集協力者	第1章4節,第6章
上條	晴夫	編集者	第1章5・6・7節,第2章1節の3頁目,第3章1節の3頁目,第4章1節の3頁目,第5章1節の3頁目
河村	茂雄	編集者	第1章1・2・3節,第2章1節の1・2頁,第3章1節の1・2頁,第4章1節の1・2頁,第5章1節の1・2頁
菊池	香織	北九州市立引野小学校教諭	第5章2節
菊池	省三	編集協力者	第2章5節,第4章3・7節,第5章7節
後藤	夏子	北九州市立高見小学校教諭	第2章7節
品田	笑子	編集協力者	第4章2・6節
中込ひかり		甲府市立琢美小学校教諭	第3章4節
永山	成雄	北九州市立西門司小学校教諭	第3章7節,第5章6節
林	謙吾	北九州市立西門司小学校教諭	第5章5節
深沢	和彦	南アルプス市立若草南小学校教諭	第2章3節
福田	敬生	北九州市立香月小学校教諭	第3章3節
藤村	一夫	編集協力者	第5章3節
松岡	静之	久慈市立平山小学校教諭	第3章5節
和田	京子	北九州市立上津役小学校教諭	第4章4節

(2006年1月現在)

◆編集者◆

河村　茂雄　かわむら・しげお
都留文科大学大学院教授。博士(心理学)。筑波大学大学院教育研究科カウンセリング専攻修了。公立学校教諭・教育相談員を経験し，東京農工大学講師，岩手大学助教授を経て現職。日本カウンセリング学会常任理事。日本教育心理学会理事。論理療法，構成的グループエンカウンター，ソーシャルスキルトレーニング，教師のリーダーシップと学級経営について研究を続ける。「教育実践に生かせる研究，研究成果に基づく知見の発信」がモットー。著書：『教師のためのソーシャル・スキル』『教師力　上・下巻』(誠信書房)，『若い教師の悩みに答える本』(学陽書房)，『学級崩壊　予防・回復マニュアル』『学級担任の特別支援教育』(図書文化)ほか多数。

上條　晴夫　かみじょう・はるお
教育ライター，埼玉大学講師。山梨大学教育学部卒業後，小学校教師・児童ノンフィクション作家を経て教育ライターとなる。現在，授業成立プロジェクトリーダーとして，「授業成立の基礎技術」の集積・研究に邁進中。教育研究団体「授業づくりネットワーク」代表，学習ゲーム研究会代表，全国教室ディベート連盟常任理事などを務める。著書：『見たこと作文でふしぎ発見』『中高校生のためのやさしいディベート入門』『子どものやる気と集中力を引き出す授業30のコツ』(学事出版)，『実践・子どもウォッチング』(民衆社)，『お笑いの世界に学ぶ教師の話術』(たんぽぽ出版)，『ワークショップ型授業で社会科が変わる』『ゲームで身につく学習スキル』(図書文化)ほか多数。

学級タイプ別　**繰り返し学習のアイデア**　[小学校編]
漢字・計算・音読練習が10倍楽しくなる授業スキル

2006年3月1日　初版第1刷発行［検印省略］
2013年6月10日　初版第4刷発行

編集者	Ⓒ河村茂雄・上條晴夫
発行人	村主典英
発行所	株式会社　**図書文化社**
	〒112-0012　東京都文京区大塚1-4-15
	Tel. 03-3943-2511　　Fax. 03-3943-2519
	振替　東京00160-7-67697
	http://www.toshobunka.co.jp/
組版・イラスト・装幀	株式会社　加藤文明社
印刷所	株式会社　加藤文明社
製本所	株式会社　村上製本所

ⒸSigeo Kawamura & Haruo Kamijo 2006, Printed in japan
乱丁・落丁本の場合はお取り替えいたします。
定価はカバーに表示してあります。
ISBN978-4-8100-6465-0　C3337

河村 茂雄の「学級づくり」

● 学級経営の基本

グループ体験による タイプ別！学級育成プログラム　小学校編・中学校編
河村茂雄 編著　●本体 各2,300円

ソーシャルスキルとエンカウンターを統合して行う，ふれあいとルールのある学級づくり。

● 学級状態に応じた対応のポイント

学級崩壊 予防・回復マニュアル
河村茂雄 著　●本体 2,300円

「学級の荒れ」のタイプと段階に応じる，診断・回復プログラム・実行のシナリオ。

ここがポイント 学級担任の特別支援教育
河村茂雄編著　●本体 2,200円

学級状態×個別支援の必要な子どもで導き出される「個と全体に配慮した教室運営」の方針。

Q－Uによる学級経営スーパーバイズガイド　小学校編・中学校編・高等学校編
河村茂雄 ほか編　●本体 3,000～3,500円

学級を診断し，学級経営の方針とプログラムを立てるための実践例とアイデア。

● 学級づくりをふまえた授業づくり

授業スキル　小学校編・中学校編
河村茂雄 ほか編著　●本体 各2,300円

心理学の手法を生かして子どもの感じ方や考え方をとらえ，授業を自在に組み立て，展開する考え方と実例。

上條 晴夫の「授業づくり」

ワークショップ型授業で国語が変わる　小学校編・中学校編
上條晴夫 編著　●各2,200円

ワークショップ型授業で社会科が変わる　小学校編・中学校編
上條晴夫・江間史明 編著　●本体 各2,400円

説明中心から「活動中心」へ。知的な理解を超えて「本当のわかる」に到達する。

ゲームで身につく学習スキル　小学校編・中学校編
上條晴夫・進藤聡彦 編著　●本体 各2,200円

教科や総合の学習を支える「学び方」を，クラス全員で楽しく学ぶ。

図書文化

※定価には別途消費税がかかります